"Algo más que simples palabras"

Poemas y Decisiones

Ricardo Arturo Mota Jiménez

Diseño de cubierta: Héctor Armando Mota Jiménez

ISBN: 978-0-615-18619-1

POEMAS

Dedico esta obra al amor de mi vida, Natali Aurora Macedo Cruz; la única persona capaz de abrir mi corazón y llenar mi vida de ilusión. Natali se convirtió en mi poesía, mi argumento y mi pasión. Natali es la dueña de mi amor y mi única inspiración. Es mi musa y mi alegría, es todo lo que yo más quiero en mi vida.

¡TE AMO NATALI!

Índice

Frases

Las palabras, no son sólo palabras; son sentimientos que nacen del alma.

Podrá secarse en un segundo el mar, podrá la Luna dejar de alumbrar, pero nuestra amistad, nunca se extinguirá, pues no conoce final.

El conocimiento no fue hecho para presumirse, sino más bien, para ser aplicado.

Recuerda que, aquel que presume de perfección, yace en él la más imperfecta decisión.

Tal vez las palabras no sean suficientes para expresar lo que se siente, pero son la mejor forma, de describir lo que ocurre en mi mente.

En la ciencia del amor, las palabras tienen diferente denotación.

Vivir la vida es tan difícil, como aceptar la muerte.

Entre la falta de cordura y la razón, siempre tomo la incorrecta decisión.

Las decisiones apresuradas suelen ser las menos apropiadas.

Siempre hay que analizar las situaciones para que, no nos conlleven a tomar incorrectas decisiones.

Recuerda que las decisiones son lo más importante en esta vida.

Desde que llegaste, todo cambió

Solitaria mi naturaleza era,
Como un lobo en el desierto.
Sin importarme nada en la Tierra,
Feliz creí ser en el universo.

Hasta que un día. ¡Apareciste!
Y desde entonces, de mi mente,
Yo nunca pude borrarte
Ni siquiera un instante.

Cuando menos me lo esperaba,
Tú ya estabas en mi vida.
Y aunque aún no aceptaba,
Lo mucho que te quería.

Pronto te dije lo que yo sentía.
Sin saber que tú, a mí,
Nunca me corresponderías;
La tristeza mi corazón invadía,
Juré por ello que te olvidaría.

Aunque por una vez juré ser fuerte,
Me di cuenta que imposible sería.
Y en cualquier sitio donde me encuentre,
Mi mente siempre te alojaría.

De nuevo solo me quedo,
Pero ahora con una pena.
Y aunque evitarla quisiera.
Tu recuerdo, a mí,
Nunca lo permitiría.
Pues a pesar del tiempo,
Tú, en mí siempre existirías.

La historia que no terminará

En esta historia sin final,
Parece que la vida se nos va.
Es un juego que nunca acabará,
En el que, el que ama es quien sufre más.

Y cuanto peor me trates,
Es aún más grande el sentimiento.
Tal vez sea masoquismo,
Pero te quiero con delirio.

Y aunque desprecies mi cariño,
Y turbes mi razón,
Siempre lucharé por tu amor.

Yo, un idiota enamorado,
Tú, pudiendo ser mi salvación.
Con tu desdén, sin compasión,
Destrozas mi corazón.

Será cobardía,
O con mucha razón,
Que la persona amada,
Desprecie nuestro amor.

Cada momento cuando despierto,
Es como un tormento.
Pues sólo en ti pienso,
Ya que parte de mí te siento.

Y es tan fuerte el sentimiento,
Que no lo puedo controlar.
Llegó sin avisar,
Y me es imposible evitar.

¿Siempre ha de ser así?
Yo, tu fiel seguidor,
Tú, mi ángel infernal.
Cómo quisiera tenerte,
Aunque fuese un sólo instante.

La historia de este amor
Desafía la razón.
Pues no me importa el dolor,
Y aunque sea por un momento,
Acércate a mi corazón.
Oyéndolo quizás, entiendas mi dolor.

Enamorado estoy de ti

Aquella tarde,
Cuando te conocí.
Por primera vez,
Algo especial sentí.

Y por más que tratase
De negarlo.
Este sentimiento, de mí
Se estaba apoderando.

Y sin poder evitarlo,
De ti me fui enamorando.
No sabía que estaba pasando,
Pues era a ti a quien estaba amando.

Ahora sé que te quiero,
Y te quiero con delirio.
Más no creas que exagero,
Pues eres tú la razón
Del porqué, mi corazón
Está latiendo.

Nadie cree lo que pienso,
Nadie cree lo que siento.
Y eso es porque
Nadie me conoce por dentro.

Cómo deseo aquel ser,
Que aunque rechace mi querer.
Yo, por la eternidad le seré fiel,
Y nunca le traicionaré.

Y cuanto más pasa el tiempo,
Es más difícil de olvidar.
Aquella persona que,
Por siempre yo he de amar.

Quizás algún día,
Este amor se acabará.
Y con él, mi vida se extinguirá.

Pues tú,
Eres la razón de mi vivir.
Tú,
Eres la razón de mi existir.

Un hermoso sentimiento

Amor, así solemos llamarlo,
A este sentimiento,
Que de bienestar nos llena,
En donde tú, eres mi felicidad.

Esta sensación tan dulce,
Pero tan intensa a la vez.
Imprimió tu rostro en mi ser,
Cuando te vi por primera vez.

Es el amor que a mí llegó,
Pues eres tú mi inspiración.
Eres quien controla a este corazón,
Eres mi argumento de amor.

Es un sentimiento,
Que no alcanzo a comprender.
Es una sensación que desborda pasión,
A todo aquel que lo puede ver.

Eres el amor que yo soñé,
Eres una flor que brota en el jardín del Edén.
Eres todo lo que anhelo,
Eres amor que viene del cielo.

Cuando el amor llega

Volaba sobre una nube hacia el azul del cielo;
Cuando una bella dama, apareció de la nada.
Ojos divinos poseía;
Dignos de ser plasmados en el universo,
Cabello lacio poseía, una diosa parecía.
Algo nunca antes visto,
Me hizo perder como nunca la cordura.

Chiquita, tú eres mi dulce niña,
Mi genio, mi inspiración, mi musa.
Escúchame, bonita, tú eres.
Y tú fuiste quien lograra mi corazón trastocar.

Sabes…cuando te beso,
Tengo la impresión de volar,
Pero ahora que no te tengo.
Me da la impresión, que mi corazón
Es pisoteado por un feroz dragón,
O atravesado por mil lanzas,
Que destrozan mi cuerpo y mi alma.

Tu amigo, y mucho más...

No sé

No sé qué hacer para conquistarte,
Lo he intentado todo, y nada he logrado.
Hasta hoy, ya mil recursos, he agotado,
Y aún, no consigo convencerte cuanto te amo.

No sé qué hacer para que entiendas,
De que lo que digo es cierto.
De que lo que siento, es amor verdadero,
Si tú bien sabes, que nunca miento.

No sé qué hacer para que me creas,
Pues en verdad, sólo digo lo que siento.
Pero tú, no puedes creerlo y no sabes cuánto me duele,
El que tú, no puedas comprenderlo.

No sé qué hacer para seguir viviendo,
Sin ti, que eres vital sustento,
Para ésta, mi alma que sufre,
Por el amor que por ti siento.

Si eres tan sensacional como jamás podría imaginar.
No sé como no puedes creer,
Que eres el amor que jamás, creí llegar a encontrar.

No sé…

Un hechizo

Cuando vi aquella mirada,
Hechizado me quedé.
Pues con embrujadora belleza,
Ella a mí me conquistó.

Y conforme más pasaba el tiempo,
Enamorándome yo estaba.
Pues con su dulzura y belleza,
A mi alma ella hechizaba.

¿Qué pasó con aquella criatura?
Que ahora yo he perdido,
Creí que siempre la tendría,
Pero se ha desvanecido.

Que poco tiempo duró,
Aquello que yo creí,
Que por siempre duraría.
Y jamás pensé, que se extinguiría.

Ahora, solo y triste quedo,
Sin esperanzas ni fe,
Para seguir aquí, sin ti.

Pues difícil tarea me has dejado,
Deshacer el hechizo que has forjado.

Vagando por el mundo
Yo me encuentro,
Con aquel recuerdo,
Que no se lleva el viento.

Y ahora que no estás conmigo,
No sé que voy a ser sin ti.
Pues tú para mí lo eres todo;
La razón de mí existir.

Yo sentí morir cuando te perdí.
Existo como nadie quisiera,
Camino como si estuviera vivo,
Errante muero desde que te perdí.

Sin darme cuenta, que tú,
A mí nunca me recordarías,
Que mi vida o mi muerte,
Al olvido ya pertenecían.

Te quiero

¿Cómo decirte
Lo que en mi interior siento?
Si ni yo conozco,
Lo que hoy por ti siento.

Es algo tan lindo y maravilloso,
Pero a la vez un tanto tormentoso.
Pues no me deja pensar,
Pues no te puedo olvidar.

Mi interior habla claro,
No hay duda en él.
Pues te quiero para mí,
Y siempre estar junto a ti.

Pero la vida es dueña,
Del amor y la razón.
Ella manda y dirige,
Ella dice si sí o no.

Mientras ella decide,
Yo nada puedo hacer.
Más que seguir esperando,
A que tú decidas también.

Fin

No sé qué pasó,
Si fuiste tú o si fui yo.
O si el destino decidió,
Que no estemos juntos hoy.

Si la distancia interfirió,
Para tomar dicha decisión.
O si fue por mi culpa,
Que se murió el amor.

Si alguien más,
Es el dueño de tu amor.
No me queda más remedio,
Que perderme en la resignación.

Tus fotos, de momentos que duran por siempre,
Me permiten recordar;
El amor que siento, pues, nunca pude olvidarte
Ni dejarte de amar.

Si esta canción,
O mejor dicho
Redacción,
No llega a tu corazón.

Entonces entenderé,
Que se acabó el amor,
Que ahora sólo me queda,
Decir adiós aunque me duela.

Era mi amiga

Era mi amiga,
Hasta que un día.
Le dije lo que yo sentía,
Sin dar importancia a lo que ocurriría.

Era mi amiga,
Sin embargo, un día.
El destino nos dividía,
Y de ella, para siempre me apartaría.

Era mi amiga,
Hasta que un día.
De ella me despedía,
Pensé que nunca la dejaría.

Decirle adiós,
Fue un golpe para el corazón.
Pero fue peor para la razón,
Pues la cordura se desvaneció.

Era mi amiga,
Sin embargo, un día.
Sin decirme nada,
Con el viento me marchaba.

Era mi amiga,
Hasta que un día.
La vi salir de mi vida,
Y sabía que nunca más regresaría.

Fracasado

Me despido,
Ahora que es tiempo.
Ahora que sé,
Que tú no me quieres.

Ahora que es cuando peor me siento,
Cuando admito,
Que en mi caminar,
Ya no me quedan sueños por completar.

En el tiempo se han perdido,
Aquellas ilusiones por realizar.
La destrucción llegará,
Y a todos mis sueños se llevará.

La ilusión de estar contigo,
Se ha desvanecido.
Así como las nubes
Por el cielo han desaparecido.

Ahora sólo me queda,
Admitir mi fracaso.
Y reconocer mi camino,
En la oscuridad de mi delirio.

¿Para qué?

¿Para qué quiero la vida?
Si no es para vivirla.
¿Para qué quiero amor?
Si no voy a ser correspondido.

¿Para qué quiero tu odio?
Si lo que necesito es cariño.
¿Para qué seguir luchando?
Si constantemente ya he perdido.

¿Para qué quiero palabras?
Si no puedo expresarlas.
¿Para qué te quiero tanto?
Si tú no me haces caso.

¿Para qué están los sueños?
Si no son para cumplirse.
¿Para qué existe la ilusión?
Si a cambio se pierde el corazón.

¿Para qué se tiene alma?
Si se encuentra destrozada.
¿Para qué la cordura existió?
Si ya se ha perdido la razón.

¿Para qué seguir escribiendo?
Si no va llegar a tu corazón.
¿Para qué seguir inspirado?
Si tú ya me has olvidado.

La vida

Tanto el amor como la vida
No son un regalo de Dios
Más bien son un castigo divino.
¿Algún pecado se habrá cometido?

Para recibir dicho castigo.
La vida sólo es un juego,
En el cual, nosotros,
Sólo somos sus piezas.

Esperando nuestro turno
Para empezar el juego.
Cuando se nace, entonces,
El juego está por comenzar.

La vida te da mucho,
Pero a su vez te quita todo.
La vida se divierte con tu destino,
Pues ella decide tu camino.

Te da alegrías,
Pero te quita tristezas.
Te da tristezas,
Pero te quita alegrías.

Te da pobreza,
Pero te quita riquezas.
Te da riquezas,
Pero te quita pobreza.

Te da el triunfo,
Pero te quita el fracaso.
Te da el fracaso,
Pero te quita el triunfo.

Te da amor,
Pero te quita el odio.
Te da odio,
Pero te quita el amor.

Te da la vida,
Pero te quita la muerte.
Te da la muerte,
Pero te quita la vida.

Te da humildad,
Pero te quita el orgullo.
Te da orgullo,
Pero te quita humildad.

Te da todo,
Pero no te deja nada.
No te da nada,
Pero te quita todo.

La vida te dio un amigo,
Y la vida te lo ha quitado.
No sé si es por mi orgullo,
O mi carencia de razón.

Pero hoy te digo adiós,
Esperando algún día,
Poder oír tu corazón
Correspondiendo a mi amor.

Y así, cambiar el destino,
Que la vida decidió.
Y crear nuevos caminos,
Que no rompan la ilusión.

Y permitan abrir el corazón,
Sin perder la razón.
Para poder cambiar el destino,
Que la vida nos designó.

Amor

El amor, es un sentimiento,
Que sólo produce dolor.
Sufrimiento al corazón,
Sin dar explicación.

Si esto es el amor.
¿Por qué rayos existió?
¿Por qué demonios?
De mí él se apoderó.

Este sentimiento,
Es una trampa del mal.
Pues te embruja,
Y no te deja pensar.

El amor juega contigo,
Pues te atrapa y seduce.
Se introduce y ya dentro,
Todo tu ser destruye.

Se apodera de tu cordura,
Para dejarte sólo la locura.
Y sin que te quede nada,
Sólo te deja la amargura.

De un supuesto amor,
Que nunca existió.
Pues tan sólo jugó,
Con mi pobre corazón.

La solución a tal decepción,
Es la destrucción de mi corazón.
Y llegar hasta otra dimensión,
Donde no exista el rencor.

Ahora la tranquilidad mía será,
Pues todo el rencor se irá.
Y junto con él mi vida se va,
Para ya no sufrir más.

Resignación

Como duele pensar,
Si no te puedo olvidar.
Como duele vivir,
Si no te puedo sentir.

No voy a dejar de decir te quiero
Ni voy a permitir que se anule tu recuerdo.
No voy a interferir con tu deseo,
Aunque de tu parte no reciba un te quiero.

Y no hay explicación
Para la razón.
Sólo una canción
Escrita por el corazón.

¿Por qué he de quererte más que ayer?
¿Por qué no te puedo entender?
¿Por qué tú, a mí no me puedes querer?
¿Por qué te he de perder?

Creí conocer de música,
Hasta que escuché tu voz.
Creí conocer todo lo que existe,
Hasta que tú me enloqueciste.

No importa

No importa,

Que las estrellas dejen de brillar,
Que la Luna se pierda en la oscuridad,
Que nunca te pueda volver a mirar,
Que mi corazón deje de palpitar.

No importa,

Que no me quieras recordar,
Que me prefieras olvidar,
Que encuentres a alguien en tu caminar,
Que ya no me puedas amar.

No importa,

Que el dolor se apodere de mi interior,
Que mi vida esté por culminar,
Que el infinito encuentre su final,
Que mi alma se pierda en la soledad.

No importa,

Que la aurora pierda su color,
Que el Sol pierda su calor,
Que el oro pierda su valor,
Que tú no creas en mi amor.

No importa,

No importa, porque
La llama de mi amor.
Nunca se ha de extinguir,
Pues alumbrará hasta el fin.

No importa,

No importa,
Porque aunque tú conmigo no quieras estar.
Y me quieras olvidar,
Yo por siempre te he de recordar.

¿Qué hacer?

¿Qué hacer?

Cuando todo se ha perdido,
Cuando no queda nada en tu camino,
Cuando se ha marchitado tu destino,
Cuando sólo te encuentras deprimido.

¿Qué hacer?

Cuando el amor se ha extinguido,
Cuando ya no tienes a tu amigo,
Cuando nunca serás correspondido,
Cuando la oscuridad está contigo.

¿Qué hacer?

Cuando el mundo no gira más,
Cuando la Luna ha cesado de brillar,
Cuando el Sol ha dejado de alumbrar,
Cuando por dentro no puedes seguir más.

¿Qué hacer?

Cuando se pierde constantemente,
Cuando no se está lleno plenamente,
Cuando sólo estás tú en mi mente,
Cuando el dolor me acaba lentamente.

¿Qué hacer?

Cuando la amargura se apodera de mi corazón,
Cuando la locura se apodera de mi pasión,
Cuando tu recuerdo se apodera de mi razón,
Cuando sólo te puedo escribir una canción.

¿Qué hacer?

Cuando ya he perdido tu mirada,
Cuando ya he perdido tu sonrisa,
Cuando ya te he perdido a ti,
Cuando he perdido la razón de existir.

¿Qué hacer?

Cuando ya no quieres hablar,
Cuando ya no quieres escuchar,
Cuando forzosamente te tienes que marchar,
Cuando la soledad me ha de acompañar.

¿Qué hacer?

Cuando ya no queda nada por escribir,
Cuando el sueño no se puede consumir,
Cuando la ilusión no se va a cumplir,
Cuando por siempre he de sufrir.

¿Qué hacer?

Cuando se ha perdido la confianza,
Cuando se ha acabado el cariño,
Cuando se han agotado las ideas,
Cuando sólo me queda morir a tu lado.

¿Cómo vivir así?

¿Cómo vivir así?
Si ahora que no estás,
No queda nada porque luchar.
Si ahora que te vas,
No queda nada por consumar.

¿Cómo vivir así?
Si ya no te puedo tocar,
Si ya no te puedo abrazar,
Si ya no te puedo besar.

¿Cómo vivir así?
Sin las caricias de tus manos,
Sin el roce de tus labios,
Sin la ternura que hay en ti.

¿Cómo vivir así?
Si aunque no quiera, te encuentro.
Si aunque no quiera, te recuerdo.
Si aunque no quiera, te quiero.

¿Cómo vivir sin ti?
Si por más que intento.
Sólo en ti pienso, todo el tiempo,
A cada instante, en todo momento.

¿Cómo vivir así?
Si te apoderaste de mí,
Si me diste la razón de existir,
Si me quitas las ganas de vivir.

¿Cómo vivir así?
Si las tinieblas llegaron a mí,
Si la miseria se ha quedado en mí,
Si el horror se apoderó de mi corazón.

¿Cómo vivir así?
Si ya no tengo motivos para seguir,
Si el sueño no se pudo cumplir,
Si ya no te puedo sentir.

¿Cómo vivir así?
Si ya todo se ha de terminar,
Si ya has borrado mi existir,
Si para ti no soy, pues no estoy.

Adiós

Adiós es muy difícil decir,
Pero es mejor que mentir.
Si ya no se puede seguir,
Y te has olvidado de sentir.

Si no aprendiste a quererme,
Si no pudiste sentirme,
Si no quieres seguirme.
Entonces, ¿por qué mentirme?

Sólo juegas con mi corazón,
Para hacerme perder la razón.
Sólo juegas con mi sentir,
Sin dejarme vivir.

Por eso es mejor decir adiós,
Quizás así, se acabe mi dolor.
Quizás así, te acordarás de mí.
Quizás nunca más vuelva a sufrir.

Quizás sea un imbécil.
Quizás no me entiendas.
Quizás no te comprenda.
Quizás no tenga la respuesta.

¿Cómo saber si entre nosotros?
Todavía existe algo de amistad.
Si ni siquiera puedes hablar,
Si no tienes tiempo para escuchar.

Si al decirte lo que siento,
Siempre te has de molestar.
Si cada vez que te busco,
No te puedo encontrar.

Si sólo me queda decir adiós,
Para poder iniciar.
Iniciar otro sendero,
Que me lleve a donde no estás.

Te conocí

Cuando te conocí,
No sé lo que sentí.
Pues fue tan hermoso,
Que no lo comprendí.

Es una linda sensación,
La que hoy siento por ti.
Y ahora sólo quiero,
Que estés junto a mí.

Y aunque sé que es imposible,
Yo nunca lo creí así.
Pues tú significas mucho para mí,
Tú eres la razón de mi existir.

Te conocí y nunca creí,
Que llegaría a sentir.
Tú me diste un motivo para vivir,
Ahora te he de querer hasta el fin.

Desde que te conocí,
No puedo dejar de pensar en ti.
Pues ya eres parte de mí.
Te has clavado en mi razón,
Y convertido en mi obsesión.

¿Para qué me sirve?

¿Para qué me sirve la libertad?
Si me encierro en la oscuridad,
Si te encuentro en todo lugar,
Si al recuerdo no puedo despojar.

¿Para qué me sirve la vida?
Si tú conmigo no estás,
Si ya no me puedes amar,
Si todo quieres olvidar.

¿Para qué me sirve estar?
Si no te puedo olvidar,
Si sólo me queda llorar,
Si tan sólo pudieras quererme igual.

¿Para qué me sirve caminar?
Si el sendero no tiene final,
Si no me lleva a ningún lugar,
Si ya me cansé de continuar.

¿Para qué seguir aquí?
Si sólo me toca caer,
Si no me puedo levantar,
Si no puedo continuar,
Si todo se ha de acabar.

¿Para qué me sirve amar?
Si no me corresponden igual,
Si no se puede luchar,
Si las armas se han de agotar.

Sólo pienso

Pienso en el despertar de la aurora,
Y en la culminación del ocaso.
Pero no es tan asombroso,
Como cuando tú estás a mi lado.

Pienso que estamos juntos,
Pero tan sólo es un espejismo.
Forjado en una vana ilusión,
De mi pobre corazón.

Pienso que algún día volverás,
Pues nunca se deja de soñar.
Aunque sea otra mi realidad,
Yo nunca te voy a olvidar.

Pienso, sólo pienso,
Que a mí perteneces.
Pero sólo es un sueño,
Muy hermoso por cierto.

Pienso que me muero,
Hasta que me doy cuenta,
Que eso es verdadero,
Que no estoy viviendo,
Pues tan sólo estoy sufriendo.

Perdóname

Perdóname si rechace tu amistad,
Perdóname si no la puedo aceptar,
Perdóname si no te dejo de amar,
Perdóname si no te pude olvidar.

Perdóname porque te quiero,
Perdóname porque te pierdo,
Perdóname porque no te entendí,
Perdóname porque no comprendí.

Perdóname si no te dejo de sentir,
Perdóname si no te puedo seguir,
Perdóname si sólo pienso en ti,
Perdóname si otro sendero ya conseguí.

Perdóname si alteré mi camino,
Perdóname si no pude ser tu amigo,
Perdóname si no supe pensar,
Perdóname por actuar sin razonar.

Perdóname si no dejo de escribir,
Perdóname si no te dejo de pensar,
Perdóname por no cumplir,
Perdóname por todo eso.

Perdóname por ser así.

Amar

Amar es comprender,
Con tan sólo una mirada.
Amar es escuchar,
Sin la necesidad de usar una palabra.

El amor es un sentimiento,
Que no se debe despreciar.
Pues es algo muy hermoso,
Y debemos de aprenderlo a valorar.

Amar es la unión de dos almas,
Y dos corazones, que nunca más se separarán.
Es magia, que sólo existe cuando amas.
Es una experiencia única, para los que se aman.

El amor no es algo que se pueda forzar,
Y aparece repentinamente sin avisar.
A veces es correspondido,
Y a veces, sólo existe en un sueño.

Amar es darlo todo,
Sin esperar recibir nada a cambio.
Sin contar las veces que se ha dado,
Pues es el amor, no puede ser comprado.

El amor va más allá de ser poesía,
Es como un sortilegio.
Es un regalo del cielo,
Es la razón para amarte cada día.

Amar es dar la vida,
Y olvidarse de uno mismo.
El amor no es egoísta,
Y sólo entiende de compromiso.

El amor enciende la llama,
Que cubre de luz las tinieblas.
Llena de alegría nuestra existencia,
Y me eleva al cielo, extendiendo mis alas.

Suerte en tu camino

Tira los dados,
Y empieza a jugar,
Que esto va a comenzar,
Y es sólo cuestión de azar.

Es sólo suerte,
Esto va a estremecerte.
Estate pendiente,
Que no puedes perderte.

Si te olvidas,
¿Por qué sigues con vida?
Si te quedas,
¿Por qué caminas?

¿Qué no es el destino
Quien domina?
¿Qué no has entendido,
Que eres tú quien camina?

En el sendero
De la vida.
No has recorrido
Nada todavía.

Aún te falta
Tirar los dados.
Que ya lanzados,
Te guiarán a otro lado.

Esto no puede empezar,
Si tú no has tirado.
Así nunca podrás avanzar,
Y quedarás olvidado.

Lánzalos y dale un giro a tu destino,
Cambia lo bueno, lo malo.
Todo lo que no te ha gustado,
Date cuenta que la suerte está de tu lado.

Y siempre triunfarás,
Aunque sea trampa,
O racha de buena suerte,
Ahí seguirás.

No puedo

No puedo dejar de pensar en ti,
No puedo apartarte de mí,
No puedo seguir, si no estás aquí,
No puedo negar, que te quiero junto a mí.

No puedo, porque te llevo dentro;
No puedo, porque eso es lo que siento;
No puedo, aunque sé que te pierdo;
No puedo, porque te quiero desde hace tiempo.

No puedo vivir igual,
No puedo amar a alguien más,
No puedo sentir ya,
No puedo mis sueños realizar.

No puedo, pues se desgarra el corazón;
No puedo, pues ya se ha extinguido la ilusión;
No puedo, pues eres mi única inspiración;
No puedo, pues ya no te tengo.

No puedo es acceder al fracaso,
No puedo es sumergirse en el tormento,
No puedo es aceptar este martirio,
No puedo es quedarse en el olvido.

No puedo es perderse en el delirio,
No puedo es perder todo lo que has conseguido,
No puedo es aceptar ser pisoteado,
No puedo es perder todo por lo que se ha luchado.

La destrucción

El odio prevalecerá,
Y el amor se desvanecerá.
Pues la destrucción al fin llegará,
Con la guerra que ahora surgirá.

Causada por aquellos,
Que han llenado de odio su corazón,
O no tienen fuerzas para luchar,
Y mantener en el mundo la paz.

Este mundo se arrepentirá,
Y sin esperanza, se morirá.
Y sólo entonces valorarán,
El no haber protegido su hogar,
Donde ahora su sufrimiento iniciará;
Infelices por el resto de la eternidad vivirán.

Y aquellos bosques,
Y aquellos mares.
Nunca volverán a ser,
Lo que un día fueron.

Destruyéndose, sólo destruyen,
Su propia civilización.
Detenerse hubiese sido la salvación,
Pero el deseo de derramar sangre de inocentes,
Era aún más fuerte.

El deseo de vivir sin sangre ni muerte,
No fue suficiente.
Y entre armas y fuego,
La destrucción fue inminente.

Y ahora ya no podrán
Ser felices aunque lo deseen.
Ustedes crearon su destino,
Y su propia destrucción.

Su infelicidad eterna será,
Y sufrirán como nadie quisiera.
Y sólo entonces entenderán,
Que el rencor los destruyó.

Insignificantes mortales,
Que creen poder ser dioses,
Cuando sólo luchan entre sí
Destruyéndose unos a otros.

Cambiando el destino

Cuando estoy errado en mi destino,
Y recorro un mal camino.
Cuando la ilusión se ha desvanecido,
Y ya todo se ha perdido.

Entonces, recurro al recuerdo,
Para ver que queda de bueno.
Pero sin darme cuenta te veo,
Y me doy cuenta que te quiero.

Vi tu mirada cuando me conquistaba,
Ahora sólo me queda tu sonrisa.
Pero eso me basta para renovar mi vida,
Y no perderme en la oscuridad de mi destino,
Que ya no tiene sentido.

Y aunque esté perdido,
En la soledad de tu recuerdo.
La inmensidad de tu dulzura,
Es más fuerte que la amargura.

Si tan sólo pudieras
Darme una oportunidad.
Para demostrarte,
Que te quiero de verdad.

Y no hay argumento
Válido para el corazón.
Pues carece de razón,
Y no tiene explicación.

Sé que te dije adiós,
Que me juré olvidarme de este amor.
Sé que no había razón,
Para tomar dicha decisión sobre los dos.

Sé que ya es muy tarde para pedir perdón,
Y olvidar todo el rencor.
Aún así, quiero que sepas que este amor,
Es más fuerte que mi temor.

Sólo te pide perdón, este pobre corazón,
Que se ha refugiado en aquellos astros.
Que resplandecen cuando miras,
Y alumbran mi destino, dándole sentido.

Cambiando mi destino,
Le diste un nuevo sentido.
Para seguir viviendo,
Pues todavía te estoy sintiendo.

Tal vez sea tarde

Tal vez sea tarde,
Para pedir perdón.
Tal vez sea tarde,
Para olvidar el rencor.

Tal vez sea tarde,
Para saber quien soy.
Tal vez sea tarde,
Para recobrar tu amor.

Tal vez sea tarde,
Para cambiar mi filosofía.
Tal vez sea tarde,
Para encontrar un nuevo guía.

Tal vez sea tarde,
Para reconocer mi torpeza.
Tal vez sea tarde,
Para recuperar mi nobleza.

Tal vez sea tarde,
Para darme cuenta a quien amaba.
Tal vez sea tarde,
Para darme cuenta lo mucho que importabas.

Tal vez sea tarde,
Para seguir insistiendo.
Tal vez sea tarde,
Para seguir queriendo.

Aún así, lo siento de todo corazón.

Eso me queda

Si he cambiado mi filosofía,
Y ya no me queda nada en la vida.
Si aún me queda esperanza,
Pero también hay tristeza.

Si alterando mi camino,
He cambiado mi destino.
Y en la oscuridad de mi delirio,
Ha empezado a tener sentido.

Si en la soledad de mi silencio,
Puedo escuchar tu voz,
Que me muestra la luz,
Que hay en tu interior.

Ahora sé, que si no he muerto,
No es porque no quiera.
Sino porque todavía no es tiempo,
Pues alguna razón existiera.

Tantos intentos fallidos,
Me han servido para saber.
Que si aún sigo vivo,
Es para estar contigo.

Y si el arrepentimiento
No me sirve de nada.
Si no me ayuda en nada,
Aún así, eso es lo que siento.

Eso me basta

El brillo de tu mirada,
El resplandor de tu sonrisa;
Han abierto la esperanza,
En el umbral de mis sentidos.

Y aunque encuentro la soledad,
Que nadie anhelaba.
Estoy cerca de ti,
Pues te llevo muy dentro del alma.

Respiro en el aire
Tu aliento.
Y me pierdo en los sueños,
Que se lleva el viento.

Pero eso me basta
Para ser feliz.
Eso me basta
Para poder seguir.

No puedo perderme en mi camino,
Pues ahora es un nuevo sendero,
Que me lleva por otro sentido,
Al rincón donde ya no existe el vacío.

La bruma que hay en mí,
Se desvanece cuando estás aquí.
Pues tú le das una razón,
Al latir de este pobre corazón.

El roce de tus manos,
La ternura de tus labios.
Me bastan para seguir,
Ahora que no estás aquí.

Quisiera...

Me pongo a escribir,
Y recuerdo que es contigo,
Con quien quiero vivir.
Pues te quiero cerca de mí,
Quiero estar junto a ti.

Y esta vez,
La distancia no me alejará de ti.
Pues esta vez,
Te llevaré y en el viento te sentiré.

Ahora sólo me queda esperar,
A que pase el tiempo.
Para ver si a mi regreso,
Quieres formar parte de mi sueño.

En el eco de la oscuridad,
Sólo se oye la voz de mi soledad.
Que se pierde en el silencio,
De este tormento donde no encuentro paz.

¡Sigue adelante!

Si ya has errado tu camino,
Si constantemente has perdido,
Si la luz ya se ha desvanecido,
Y la neblina ha cegado tu sentido.

Si todo esto ya ha sucedido,
Empieza cambiando el destino,
Olvida todo lo ya ocurrido,
Y nunca te des por vencido.

Si la tristeza ha bloqueado tu cordura,
Si el corazón ha corrompido su inocencia,
Si no queda nada en tu conciencia,
Y ya has perdido la paciencia.

Desvanece la niebla de tu razón,
Aclara la oscuridad del corazón,
Piensa en el misterio de la imaginación,
Pues ahí, encontrarás la solución.

Si ya no te queda nobleza,
Si crees que ya nada vale la pena,
Si sólo te quedó la tristeza,
Y el vacío de amargura se llena.

Dale ilusión al corazón,
Realizando todos los sueños de tu interior.
No pierdas la razón,
Y cambia el sendero de tu decisión.

Que esto es sólo el comienzo,
De tu verdadero reto.
En el sendero de este juego
Demostrarás tu destreza
Dejando atrás la tristeza.

¡Sigue adelante!

Deseo........

Deseo es la ilusión,
De una hermosa sensación,
Que cambiará tu razón,
Para alegrar al corazón.

Deseo, es querer estar contigo,
Es poder soñar contigo,
Es saber que todo tiene sentido,
Pues te amo con delirio.

Deseo, es la inspiración,
Para realizar los sueños de mi interior.
Sin perderse en la imaginación,
De otra dimensión.

Deseo, es tu mirada
Sonriéndole al alma,
Que ha atado mi cordura,
Y despejado la amargura.

Deseo, es oír tu voz
En el silencio de mi imaginación,
Que me llena de ilusión,
Y reanima mi pasión.

Deseo, es soñar,
Sin perderse en la eternidad,
Sin dejar atrás la voluntad,
Del arte de saber amar.

Voluntad

Encuentra los sentidos de la cordura,
Extiende tu mente.
Y llega tan lejos,
Tanto como tu corazón te lo permita.

Nunca te olvides
De la esencia que hay en ti
Ni del valor,
Que tú mismo puedes adquirir.

La voluntad
Puede superar cualquier reto.
Siempre y cuando,
El corazón esté dispuesto.

La voluntad va más allá del deseo,
Pues ésta, es un esfuerzo.
Más deja de ser un sueño,
Ya que no es una utopía.

La voluntad va más allá de la imaginación,
Pero es tan frágil como el cristal.
Si ésta, alguna vez se llegase a destrozar,
Entonces, todo llegaría a su final.

Aún así, la esperanza
Siempre ha de existir.
Y nunca te has de rendir,
Pues debes seguir.

Siempre cree en lo que puedes hacer,
Sin llegar a la exageración.
Y olvidarte de tu dimensión,
Que es más real que tu ingenuidad.

La voluntad es el esfuerzo para realizar,
Las metas que se han impuesto.

¿Por qué?

Si sólo a ti pertenezco.
¿Por qué no te tengo?
¿Por qué te alejo?
¿Por qué te pierdo?

Si eres la niña que abrió mi corazón,
Y se apoderó de mi razón.
Si este sentimiento se llevó la cordura,
Dejándome sólo la locura.

Si no te olvido,
Si sólo es tu latido,
Quien me mantiene vivo,
Pero me pierdo en el olvido.

Si tan sólo quisieras,
Decir algo más,
Que sólo un te quiero,
Si tan sólo pudieras.

Si es por ti que sigo aquí.
¿Por qué no puedo estar cerca de ti?
Si te olvidaste de mí,
Dímelo para dejar este mundo al fin.

¿Por qué cuando no queda tiempo?
Es cuando más te quiero.
¿Por qué ser sincero?
Si ya no te tengo.

Recuerdo....

Si aquellas estrellas,
En la noche han de nacer.
Junto con la Luna
Han de resplandecer.

Si eso es tan hermoso,
Como el recuerdo.
Aquel que llevo dentro,
Sin alardear, esa es la verdad.

Tú eres aquella que llenó mi vida,
Aquella que no me deja soñar.
Pues ahí te he de encontrar,
En el maravilloso mar de la ilusión.

Si la imaginación es tan bella,
Como oír tu voz.
Si la imaginación es pura ilusión,
Como creer estar vivo,
Si no estás conmigo.

Si en el portal de otra dimensión,
Sólo encuentro soledad.
Sin pensar que eso importase,
Creo que ahí he de llegar.

¿Cómo soñar?
Si ya he perdido la ilusión.
¿Cómo soñar?
Si no queda nada en mi caminar.

Si en el misterio de nuestra imaginación
Está el resultado de nuestra creación.
¿Cómo seguir? Si todo lo he arruinado,
Con orgullos absurdos y celos creados.

Sueño

Un sueño va más allá de ser un deseo,
Más allá de ser sólo una ilusión.
Pues es la meta impuesta por uno,
Es la voluntad de querer realizar.

Un sueño es posible de alcanzar,
Pues si tu corazón no se rinde.
Todo se puede lograr,
Y muchos retos sobrepasar.

Un sueño parece un espejismo,
Que jamás va llegar a su final,
Sin darse cuenta uno,
Ese es un error fatal.

Pues con el tiempo te has de olvidar,
Y entonces, nunca más lo verás
Cumplirse en tu realidad;
Se perderá en el tiempo, y no lo vas a recordar.

Por eso te digo,
Nunca dejes de soñar.
Y lucha por convertirlo en realidad,
Pues sólo tú eres capaz de encontrar la inmensidad.

Un sueño no es imposible de alcanzar,
Pues si tú estás dispuesto.
Muchos de estos se pueden realizar,
Sólo necesitas voluntad,
Paciencia, y el afán de encontrar,
La luz que te guiará,
Por el misterio de tu realidad.

La solución

No hay solución,
Para esta ecuación,
Pues es muy compleja,
Su realización.

A una suma de odios,
Le sustraemos cariños,
Y nos quedan rencores,
Que al agregarles perdones,
Nos dan un poco de amores.

Si a eso le restamos orgullos,
Y le agregamos armonías,
Con un poco de ternura,
Nos da algo de dulzura.

Si sólo te quedan rencores,
Que siempre están presentes.
Y no te dejan paciente,
Recuerda el amor es más fuerte.

Si el amor incrementa,
Si se omiten algunos errores,
Si se quedan con perdones
Y se olvidan de rencores.

Entonces, el destino cambiaría,
Y también mejoraría.
Pues el amor nunca se moriría,
Ni se marchitaría.

Dulce niña

Tú eres la luz que alumbra mi día,
Eres la que motiva mi alegría.
Eres el sueño que desvaría,
Pues tú eres la dueña de mi vida.

Dos astros son aquellos tus lindos ojos,
Causantes de mi pasión.
Y mi carencia de razón,
Pues se han apoderado de mi corazón.

Has aclarado la bruma de mi interior,
Has llenado mi vida de ilusión.
Pues tú eres mi dulce inspiración,
Causante de este desbocado amor.

Tú encendiste la llama de mi amor,
Que arderá, y nunca se extinguirá.
Pues tú eres la musa de mi pasión,
Que le dio vida a mi corazón.

Tú controlas mi destino,
Tú le diste una razón a mi existencia.
Tú eres quien me hizo renacer,
Y ahora forma parte de mi ser.

Dulce niña llena de virtudes,
Mi más bella ilusión.
Sólo a ti pertenece este corazón,
Pues te has convertido en mi única inspiración.

Tú eres una estrella en el universo,
Que cualquier mortal quisiera alcanzar.
Pero, ¿para qué despojar a tan extraordinario ser
De aquella majestuosidad?

¿Quién fuera?

¿Quién fuera?
Aquel que te estreche entre sus brazos,
Aquel que bese tus tentadores labios,
Aquel a quien le digas: ¡Te amo!

¿Quién fuera?
Aquel por quien suspiras,
Aquel a quien admiras,
Aquel en quien confías.

¿Quién fuera?
Aquel con quien sueñas,
Aquel a quien deseas,
Aquel de quien te enamoras.

¿Quién fuera?
Aquel que amanezca en tu lecho,
Aquel en quien piensas todo el tiempo,
Aquel a quien no olvidas ni un momento.

¿Quién fuera?
La vida que hay en ti,
El aire que respiras,
El lugar donde caminas.

¿Quién fuera?
La lluvia que se desliza por tu cuerpo,
Tu más íntimo secreto,
La brisa que te acaricia todo el cuerpo.

Tú

Eres la musa de mi inspiración,
Eres dueña de mi corazón,
Eres la que encendió mi pasión,
Eres más que una ilusión.

Eres mi vida,
Eres mi amor,
Eres mi corazón,
Eres mi inspiración.

Eres la que me llena cada día,
Aumentando mil veces mi alegría.
Eres mi más hermosa inspiración,
Pues eres toda mi ilusión.

Eres el sueño que desvaría,
Eres total armonía,
Eres mi dulce melodía,
Aquella que calma mi día.

Eres Linda,
Eres Bella,
Eres Hermosa,
Eres Maravillosa.

Eres fantástica musa,
Magnifica inspiración,
Eres formidable ilusión,
Que se ha robado mi corazón.

Eres genial mi amor,
Pues estás en mi interior.
Te siento a cada paso que doy,
Y te veo en cada rincón.

Musa

Musa que inspiras
Tan bellas sensaciones,
Que se producen en los corazones,
De quien te mira y suspira.

Tú que inspiras al corazón,
Dejando a un lado la razón.
Y provocando fascinación
En todo mi interior.

Musa, eres toda mi pasión,
Mi más preciada ilusión.
Te apoderas de mi razón,
Y te adentras en mi imaginación.

Musa, que en las noches te encuentro,
Pues en mis sueños siempre te veo.
Tú, que me robaste el sueño,
Para convertirlo en argumento.

Magnífica musa, que me inspiras
Las más hermosas sensaciones,
Que van más allá de ser ilusiones,
Pues tú eres todas mis inspiraciones.

Que se desvanecen,
Cuando amanece.
Que desaparecen,
Cuando no me perteneces.

Musa, dueña de mi amor.
Musa, mi mayor inspiración.
Musa, mi única ilusión.
Musa, causante de este desbocado amor.

Una mirada

Una mirada bastó,
Para enamorarme.
Una mirada bastó,
Para desearte.

Una mirada bastó,
Para ilusionarme.
Una mirada bastó,
Para inspirarme.

Una mirada bastó,
Para nunca olvidarte.
Una mirada bastó,
Para recordarte.

Una mirada bastó,
Para querer besarte.
Una mirada bastó,
Para poder abrazarte.

Una mirada bastó,
Para adueñarse.
Una mirada bastó,
Para apoderarse.

Una mirada,
Tan sólo una
Fue suficiente
Para amarte.

Y siempre recordarte,
Sin importar la distancia,
Que no me permite quererte,
Pues sólo es tu ausencia, quien a mí pertenece.

Una sonrisa

Una sonrisa fue suficiente,
Para que yo te amara.
Una sonrisa fue la causante,
De que yo te hallara.

Una sonrisa de la cual,
Yo me enamoraba.
Una sonrisa que ni el tiempo,
La borraba.

Una sonrisa fue suficiente,
Para acercarme.
Y así, poder abrazarte,
Para nunca más soltarte.

Una sonrisa fue suficiente,
Para desearte.
Una sonrisa fue suficiente,
Para entregarme.

Una sonrisa fue suficiente,
Para querer besarte.
Y así, probar tus labios,
Saboreando el néctar de tu boca.

Una sonrisa ilumina mi vida,
Haciéndome sentir feliz cada día.
Una sonrisa aclara la bruma,
Y despeja la amargura.

Una sonrisa fue suficiente,
Para querer que seas mía.
Despertar junto a ti cada día,
Y formar parte de tu vida.

Maravilla

En ti descubrí
La octava maravilla.
Aunque para serte sincero,
En grandeza eres la primera.

Tu mirada encierra
Los más asombrosos misterios.
Que aún no descubro,
Que aún no conozco.

Tu voz encierra
Las más asombrosas melodías,
Que aún no he escuchado
Ni en un canto celestial.

Tus manos encierran
Las más asombrosas caricias,
Que ya una vez he sentido,
Y me gustaría revivirlas.

Tus labios encierran
Los más asombroso besos,
Que ya una vez he probado,
Y me han fascinado.

Tu aliento encierra
El más asombroso aroma,
Que ya una vez he respirado,
Y me ha encantado.

Tu cuerpo encierra
A la más asombrosa musa,
Que yo he admirado,
Y ahora he adorado.

Te pido

Te pido la oportunidad,
Que yo no merezco.
Te pido las caricias,
Que no me has dado.

Te pido perdón,
Para endulzar.
Te pido olvidar,
Para comenzar

Te pido todo,
Pero no te doy nada a cambio.
Te pido ilusión,
Pero tú siempre dices que no.

No puedo ofrecerte nada,
Pues sólo a ti pertenezco.
No puedo brindarte nada,
Sólo este amor que a ti pertenece.

Te pido comprensión,
Para este corazón.
Te pido amor,
Para la ilusión.

Te pido sólo pido,
Pero sin darte nada.
¿Cómo esperar algo?
Sin ti no valgo nada.

Te lo pido yo, mi amor.
Te lo pido yo, corazón.
Te lo pido yo, mi ilusión.
Te lo pido yo, mi inspiración.

Te extraño

Te extraño,

Porque eres la luz
De mi camino.
Porque eres el sueño
De mi destino.

Te extraño,

Porque eres la única,
Que supo llegar a mi corazón.
Porque eres la única,
Que supo cambiar mi razón.

Te extraño,

Porque para mí fue una dicha
El haberte conocido.
Porque para mí fue un milagro
El haberte besado.

Te extraño,

Porque tú le diste vida
A este corazón.
Porque tú le hiciste sentir
La vida que habita en su interior.

Te extraño,

Porque le diste sentimientos,
Que en su vida,
Jamás imaginó,
Que llegaría a sentir.

Te extraño,

Porque contigo sintió
Amor.
Porque contigo sintió
Celos.

Te extraño,

Porque contigo
Recibí mi primer beso.
Fue algo maravilloso,
Fue tan hermoso como ver tu rostro.

Te extraño,

Porque recibí mi primer beso,
De la única chica
A la que he amado,
Porque eres lo mejor que me ha pasado.

Te extraño,

Porque gracias a ti,
Se sensibilizó mi corazón.
Algo que para mi era imposible
De imaginar.

Por eso te extraño,

Porque sin ti,
No le encuentro sentido a mi vida.
Porque sin ti,
No encuentro el camino que me guía.

Te extraño,

Porque sin ti,
No queda nada en mi destino.
Porque sin ti,
Sólo me encierro en mi delirio.

Conexión

Una conexión
Liga nuestro corazón.
Una ilusión,
De descubrir tu interior.

La distancia,
No permite estar juntos hoy.
Pero siento en mi corazón,
Una caricia de este amor.

Una sonrisa de tu corazón
Me da la más bella sensación.
Que ya abierto el corazón,
Me llena de ilusión.

Quizás no te pueda tocar,
Pero tu aliento puedo respirar.
Quizás no te pueda mirar,
Pero tu sonrisa puedo encontrar.

Tú estando tan lejos de mí,
Y yo no puedo
Estar cerca de ti,
Aún así, te siento junto a mí.

Dos ordenadores
En conexión,
Son suficientes,
Para nuestro amor.

Si tú supieras

Si tú supieras,
Que con una mirada,
Conquistas el corazón
De quien os mira.

Si tú supieras,
Que una sonrisa
Alegra el rostro,
De aquel a quien sonríes.

Si tú supieras,
Que yo no soy nada,
Si tú no estás,
Si tú te vas.

Si tú supieras,
Que te llevo conmigo.
Aunque tú no creas en mi amor,
Aunque te vayas con otro corazón.

Si tú supieras,
Que mi alma llora,
Cuando tú no estás,
Cuando no encuentro la paz.

Si tú supieras,
Que sin ti.
No puedo vivir,
No puedo seguir.

Si tú supieras,
Que no me queda nada.
Pues tan sólo tengo el recuerdo,
Que me hace feliz todo el tiempo.

Celos

Un sentimiento
Difícil de domar,
Que no nos deja en paz,
Y nos hace enfadar.

Los celos son tan buenos,
Que muestran amor verdadero.
Pero son tan malos,
Que muestran al corazón obsesionado.

Este sentimiento,
Que no se puede ocultar.
Este sentimiento,
Que no te deja pensar.

Perturba tu corazón,
Y te aleja de la razón.
Se apodera de tu interior,
Y acciona tu dolor.

No te deja creer,
Sólo la ira has de querer.
No te permite olvidar,
Sólo el rencor has de buscar.

Odio y rencor,
Se funden en uno solo.
Para confundir tu alma,
Incrementando así tu rabia.

No soy escritor

Quizás no sea escritor,
Para hablarte de este amor.
Quizás no me sepa expresar,
Para demostrarte que es verdad.

Quizás no sea escritor,
Para describir tu interior.
Quizás no sepa hablar,
Para poderte conquistar.

Quizás no sea escritor,
Para endulzar tu corazón.
Quizás no sea nadie,
Para llamarte mi amor.

Quizás no sea escritor,
Para embellecer mi lenguaje.
Quizás no sepa hablar de amor,
Para poder alegrar tu corazón.

Quizás no sea escritor,
Para redactar una canción,
Que llegue directo al corazón,
Y abra tu interior.

Quizás no soy escritor,
Pero te quiero de corazón.
Quizás no demuestre mi amor,
Quizás por eso, no me tienes compasión.

Celoso

Yo sé que soy celoso,
Pues lo llevo en la sangre.
Sé lo mucho que te reprocho,
Y no es por molestarte.

Yo sé que no soy nadie,
Para decidir con quien andes.
Sólo quiero que me ames,
Para poder hacer este amor más grande.

Los celos están por naturaleza,
Y evitarlos no puedo.
Aunque me lo propusiera,
Son más fuertes que mi nobleza.

Disculpa si me molesta,
Que de otro tipo me hables.
Pero no soporto oírte decir,
Lo mucho que lo quieres.

Yo sé que soy celoso,
Y no puedo evitarlo.
Lo he intentado,
Pero nada he logrado.

No concibo creer,
Que tan sólo me ames a mí.
Pues siempre hay alguien más,
A quien le digas: ¡Quiero estar junto a ti!

Olvidar

Olvidar,
Es como querer arrancar
Una estrella del cielo,
Como si eso pudiera ser cierto.

Olvidar,
Es como querer dejar
De pensar en ti,
Como si eso pudiera existir.

Olvidar,
Es como dejar de soñar.
Y darme por vencido,
Por este amor que no he tenido.

Olvidar,
Son tantas cosas,
Que no se pueden realizar.
Pues aunque lo intente,
Tu recuerdo está presente.

Olvidar,
Es querer lograr lo imposible,
Es querer despojar al recuerdo.
Es querer anular la mirada,
Que tanto me había amado.

Al parecer,
Nunca se deja de soñar,
Nunca se deja de intentar.
Se quiere lograr, lo que es
Imposible de alcanzar.

Si decides regresar

Si decides regresar,
Yo sabré esperar.
Nunca te podré olvidar,
Nunca te podré borrar.

Tu dulce sonrisa,
La llevo en el corazón.
Junto con tu mirada,
Que es dueña de este amor.

Si decides regresar,
Nunca dejaré de soñar.
No podré pensar,
Pues mi vida has de alegrar.

Si decides regresar,
La llave siempre la tendrás.
La puerta nunca se ha de cerrar,
Pues siempre mi amor serás.

Si tan sólo quisieras regresar,
Para poder comenzar.
Y darme otra oportunidad,
Para demostrarte que es verdad.

Si decides regresar,
Yo sabré esperar.
Pues nunca te dejo de pensar
Pues nunca te dejo de soñar.

Si decides regresar,
Yo volveré a sentir,
Volveré a vivir.
Podré volver a ser feliz,
Junto a ti.

Eres

Eres la más bella inspiración,
Que armonizas al corazón.
Y le brindas toda la ilusión,
Que se pierde en la imaginación.

Eres la más perfecta criatura,
Que en este mundo se ha creado.
Y toda mi alma ha alegrado,
Para poder decir que te amo.

Eres una creación divina,
Hecha por las manos de Dios.
Para llenarme de pasión,
Y convertirte en mi canción.

Eres aquella canción
Escrita por el corazón,
Que nos tiñe la ilusión,
Y nos llena de emoción.

Eres todo aquello,
Que he de soñar.
Eres todo aquello,
Que he de desear.

Eres
Por quien vivo.
Eres
Por quien muero.

Eres
Todo lo que deseo.
Eres
Todo lo que quiero.

Sólo

Sólo una persona
Fue capaz de abrir mi corazón,
Sólo una,
Fue capaz de cambiar mi razón.

Sólo una persona
Fue capaz de encontrar la llave,
Para abrir el umbral de la ilusión,
Y así, llenarme con todo su amor.

Sólo una persona
Fue capaz de ser mi inspiración.
Sólo una,
Fue capaz de convertirse en mi amor.

Sólo una persona
Fue capaz de encender mi pasión.
Sólo una,
Fue capaz de enseñarme a confiar.

Sólo una persona
Fue capaz de apoderarse de mí.
Sólo una,
Fue capaz de hacerme vivir.

Sólo una persona
Fue capaz de hacerme sentir.
Sólo una,
Fue capaz de hacerme sufrir.

¿Qué hiciste?

¿Por qué no te olvido?
Y tan sólo te pienso.
¿Por qué te recuerdo?
Y en mi sueño te encuentro.

¿Por qué estás en mi mente?
Si no estás presente.
¿Por qué te llevo conmigo?
Si mi alma ya te ha perdido.

¿Por qué mi esencia se encuentra vacía?
¿Será qué tu mirada ya no es la mía?
¿Por qué la Luna sigue siendo mi sombra?
¿Será que el viento está en contra?

La estrella del sur,
Me muestra tu luz.
Y me guía en mi camino,
Que ya es otro mi destino.

Si en el umbral de otra dimensión,
Viajes astrales me llevan sin dirección.
Y me pierdo en esa inmensidad,
Para jamás volver a mi realidad.

Si es imposible olvidar,
Como tampoco se deja de soñar.
Si es imposible regresar,
Como tampoco se deja de amar.

Si eres una ilusión,
Que se forja en mi corazón.
Si eres la inspiración,
Que se funde en mi interior.

Si eres toda la grandeza,
Que existe en esta tierra.
Si eres toda la nobleza,
Que se ha perdido en la inconsciencia.

Dime:
¿Qué hago yo?
Sin tu amor,
Sin tu corazón.

¿Quizás por eso nunca te dejé de amar?
¿Quizás por eso nunca te pueda olvidar?
¿Quizás por eso te pido una oportunidad?
¿Quizás por eso siempre te he de soñar?

Los celos

Los celos
Se apoderan de mi razón,
Destrozando así mi corazón,
Para no creer en tu amor.

Los celos
Han llenado de oscuridad mi sueño,
Para hacerme vivir un infierno,
Que se convierte en tormento.

Los celos
Se han llevado la ilusión,
Dejando rota mi pasión,
Y confundido mi interior.

Los celos
Han destruido la cordura
Que habitaba en mí,
Para no dejarme vivir.

Los celos
Son imposibles de controlar,
Pues cuando llegan,
Nadie los puede evitar.

Los celos
Carecen de razón,
Pero son tan fuertes,
Como el amor.

¿Cómo?

¿Cómo explicarle al corazón?
Que se olvide de este amor.
¿Cómo negarle al corazón?
Que tú eres mi única tentación.

¿Cómo explicarle al corazón?
Que te borre de mi imaginación.
¿Cómo negarle al corazón?
Que tú eres toda mi ilusión.

¿Cómo explicarle al corazón?
Que anule esta canción.
¿Cómo negarle al corazón?
Que tú enciendes mi pasión.

¿Cómo explicarle al corazón?
Que no podemos estar juntos hoy.
¿Cómo negarle al corazón?
Que tú eres mi única inspiración.

¿Cómo explicarle al corazón?
Que me voy sin tu amor.
¿Cómo negarle al corazón?
Que es contigo con quien quiero hacer el amor.

MCNA

N unca es un lapso de tiempo no deseado,
A dmitiendo que ya todo ha pasado.
T erminando así, con todo lo soñado,
A ñorando los besos que me has dado,
L amentando no estar a tu lado,
I nteno alcanzar el sueño anhelado.

A lumbrando mi destino, en el
U mbral de tus sentidos, para
R ecuperar tu corazón perdido, y en la
O scuridad de mi delirio.
R ealizar mi sueño de estar contigo,
A unque ya sea otro mi camino.

M omentos que se lleva el tiempo,
A nulan la esencia que yace en tu presencia.
C ulminando así con mi existencia, y
E nviando al exilio todo lo vivido.
D estruyendo al corazón herido, y
O cultándolo en la soledad de mi camino.

C ensurando todos mis errores,
R enaciendo con nuevas ilusiones, y
U sando a la añoranza, como un
Z arpazo de esperanza.

MCNA V. 2.0

N avegando por el reino de los sueños,
A to a la amargura para ver tu figura.
T emiendo no volver a sentir tu cintura.
A lcanzando el límite de la locura,
L leno mi corazón de ternura.
I lusionado de sentir dicha dulzura.

A ñorando poder volver a tenerte cerca de mí,
U no los recuerdos que viví junto a ti.
R ecordando así, los momentos que me has dado,
O diándome por todo lo que ha pasado.
R eintentando poder volver estar a tu lado,
A dmito cuán equívoco había estado.

M ientras tanto, las horas pasan y me matan,
A niquilando mi alma, que yace destrozada.
C ombato hoy las tinieblas, ahora parte de mi existencia.
E vitando los recuerdos que desgarran por dentro,
D esvaneciendo así, mi vida que se encuentra vacía,
O bstaculizo cualquier medio para ver la luz del día.

C autivo en tu dulce mirada,
R evivo todo lo que ya he vivido.
U tilizando al corazón, que todavía siente tu calor,
Z afo todo lo que me ata a este gran dolor.

¿Qué hacer?

Si el corazón se encuentra vacío,
Y ya nada tiene sentido.
Si el alma aún no ha desaparecido,
Y se ha perdido el camino.

¿Qué hacer?

Si el tiempo no es suficiente,
Para el olvido.
Si sólo encuentras rocas,
En tu camino.

¿Qué hacer?

Si por más que buscas,
No encuentras.
Si por más que intentas,
Fracasas.

¿Qué hacer?

Si no hay explicación,
Para dejar de sentir tu calor.
Si se acabó la ilusión,
De volver a sentir tu amor.

¿Qué hacer?

Si se desvanece mi inspiración,
Cuando tú no estás;
Causante de tan bella sensación,
Ahora que te vas.

¿Qué hacer?

Si al final del sendero,
No existe regreso.
Si ahora que te espero,
Me encuentro preso.

¡No hay nada que hacer!

Si con el sonido de tu voz,
La soledad se aleja de mi corazón.
Y sin mayor explicación,
Se acaba todo mi dolor.

Sé sólo sé

Sé que probablemente ya no quieras saber más de mí,
Y estoy de acuerdo contigo,
Sé muy bien lo imbécil que yo he sido,
Pero te amo con delirio,
Sé cuán celoso puedo llegar a ser,
Sin motivo aparente tal vez,
Sé muy bien que no debería.
Pues no me pertenecías,
Sé que no he sabido llegar a tu corazón,
Aunque ya muchas veces lo he intentado,
Siempre he fracasado.
Quizás ya me has arrojado al olvido,
Y quizás no te importe lo que te digo,
Pero si te escribo,
Es porque no te olvido.

Sé que dije adiós, y fue el final para los dos,
Sé que no debería mirar hacia atrás,
Pues ya todo acabo, nada quedó entre tú y yo,
Sé que ya no volverás, que nunca me vas a amar.

Sé que las cosas más bellas de esta creación,
No son aquellas, que puedes ver o tocar.
Sino aquellas, a las que puedes sentir,
Sin necesidad de pedir, un aroma, un sonido.

Algo que va más allá de la cordura,
Que sólo lo entiende la locura,
Que despoja toda la amargura,
Y llena tu corazón de ternura.

Sé que cometí un error,
Pero creí que era lo mejor.
Para olvidar este amor,
Para dejar de sentir tu calor.

Sé que ahora es tarde,
Para pedir perdón.
Sé que ya todo terminó,
Ya todo culminó.

Quizás no sepa decir,
Cuán valiosa eres para mí.
Que no me importa nada,
Si no puedo estar junto a ti.

Sé que eres mi locura,
Sé que eres mi ansiedad,
Sé que eres mi pasión,
Sé que eres mi amor.

Sé sólo sé, pero no sirve de nada para conquistar tu corazón, para
conseguir tu perdón.

Si no hay

Si no hay palabras,
Para expresar lo que he sentido.
Si no hay armonías,
Para decirte cuanto te he querido.

Si no hay razón,
Para explicar asuntos del corazón.
Si sólo la locura
Es capaz de explicar dicha ternura.

Si sólo el corazón
Es capaz de sentir dicha sensación.
Si sólo una canción
Pudiera abrir tu hermoso corazón.

Si tan sólo
Pudiera descubrir tu corazón.
Para llenar
Mi vida de ilusión.

Cosas

La soledad es un tormento
En mi camino.
Pues sólo destroza al corazón
Sin compasión.

La vida es un obstáculo
En mi destino.
Ya que sólo cambia el rumbo
De mi sentido.

El alma es la esencia,
Que sea ha desvanecido.
Pues sin tu amor,
Ya nada tiene sentido.

El corazón es aún más fuerte
Que la razón.
Pues sin dar explicación,
No se olvida de este amor.

Si con el tiempo

Si en el mapa de mi vida
Aparece gente desconocida.
Y se desvanece la ya conocida,
Sin saber que ya nuca la vería.

Si con el tiempo
Se derrumban los sueños.
Si sólo quedan recuerdos,
Que veo a cada momento.

Si la distancia
No es suficiente,
Para enviar al olvido,
Aquello que se ha vivido.

Si ya nada tiene sentido,
Destrozando al corazón herido.
Si sólo respiro tu aliento,
Que se pierde en el viento.

Si se ha caído en el intento,
Y se ha fallado aún levantado.
Acabando así, con todo lo añorado,
No queda más, que admitir mi fracaso.

El tiempo que se ha evitado,
Puede ser la solución.
Para todo lo anhelado,
Y así, dejar de ser un fracasado.

Impossible Love

Embracing your soul, it was my dream.
Unfortunately, that's only a wish,
Identical to mirages that vanish.

Zestful girl, you're in my mind,
All the time in my heart,
Because you're my star

Tempted by your beautiful eyes,
To fall in love at the first glance,
Hopeful to touch your soul for once.

L`inspiration de mon âme me réveille ce soir,
Yeux claires comme des soleils que j`aimerais avoir.
Ne seulement pour plaisir sino pour sentir,
Ne seulement aujourd`hui sino toute la vie.

Parece que nunca te voy a olvidar,
En esta historia que nunca pudo comenzar.
Quizás siempre te he de soñar,
Esperando algún día, puedas quererme igual,
Y convirtiéndote en mi única inspiración,
Tú fuiste la única que se apoderó de mi corazón.

Resignación al olvido

Bellos momentos que se desvanecen con el viento,
Atan los recuerdos que yacen aquí dentro.
Reiterando así, que te quiero desde hace tiempo.
Añorando formar parte de tu sueño,
Intento abrazarte aunque fuese por un momento.

Lamentablemente todo quedó en el pasado,
Únicamente los recuerdos no me han abandonado,
Fracasando en cualquier intento de estar a tu lado.

Acaricio los recuerdos que llevo en el alma,
Conservando los momentos en los que yo te amaba,
Utilizó al corazón como mi única esperanza.

Encantado de compartir mi vida,
Lleno mi corazón de inmensa alegría.
Alcanzando así, tenerte junto a mí cada día,
Reviviendo aquellos momentos en los que me pertenecías.

Sabiendo que eso imposible sería,
Pues sin quererlo de ti me apartaría.
Suspirando por este amor que nunca me correspondería.
Vago por el mundo sin saber que haría,
Aniquilando así, con todo aquello que en mí, existía.

Tú, mi estrella

Cuando cae la noche, miro al cielo,
Para verte a ti, cuando a las estrellas veo.
No es una ilusión, ni es un sueño.
Es este amor, que me quema por dentro.

Cuantos misterios se ocultan detrás de ellas,
Cuanta luz reflejan a los ojos que las vean,
Cuanta hermosura se encierra cuando nace una nueva.
No es una quimera, es la realidad.
Tú y una estrella son tan igual.

Cuantos misterios se ocultan detrás de tu indiferencia,
Cuanta luz reflejaban tus ojos cuando me mirabas,
Cuanta hermosura se encierra en aquella dulce sonrisa.
No es que mienta, es la verdad.
Tú y una estrella son tan igual.

Tú y una estrella,
Tan semejantes y distantes;
Imposibles de alcanzar.
Quizás algún día me dé cuenta,
Que tú nunca me vas a amar.

Tú y una estrella,
Tan maravillosas y misteriosas,
Asombrosas y majestuosas.
Tan perfectas como esplendorosas,
Siempre me han de estremecer.

Y siempre existirá en mí,
Un rayo de esperanza.
Que sólo me alejará de ti,
Cuando de este mundo parta.

No vivas pensando

No desperdicies tu tiempo pensando,
La vida es muy corta y sólo se vive una vez.
No vivas de ilusiones que no se van a cumplir
Ni de lo que te ha hecho ser infeliz.

No pienses en lo que pasó,
Pues ya no tiene solución.
No pienses en lo que vendrá,
Pues todavía no sucederá.

Lo que pasó ya pasó,
Y no lo puedes alterar.
Todo quedó atrás,
Y no lo debes retomar.

Lo que vendrá,
Todavía no ha llegado.
Así que no te adelantes,
A lo que todavía no ha pasado.

Piensa en el hoy,
Que está por comenzar.
No vivas de ilusiones,
Que no te dejan pensar.

Procura vivir
Día a día,
Con el máximo esplendor
De tu vida.

No te consumas en el pasado
Ni te ilusiones con el futuro.
Solamente el hoy es verdadero,
Y hoy es cuando debes de actuar y dejar de pensar.

Quizás

Hoy me doy cuenta,
Que nunca me vas a amar.
Que la ilusión ahí seguirá,
Pues nunca te voy a olvidar.

Quizás algún día deje de soñar,
Que a tu lado voy a estar.
Quizás algún día te deje de amar,
Para así vivir en paz.

Quizás algún día hubo esperanza,
Que hizo latir mi corazón.
Que me dio un motivo,
Para llamarte mi amor.

Esperanza que se marchitó,
Y en el olvido me dejó.
Pues el amor sólo produce dolor,
Dolor que destruye al corazón.

Tú y yo

Si en el laberinto de los sueños,
Te has convertido en mi anhelo.
Si en las llamas del infierno, muero.
Mi alma has de sanar con tus besos.

A pesar de que te encuentres lejos,
Tu recuerdo lo llevo aquí dentro,
Pues mi amor por ti será eterno,
Y así lo reitero en mis versos.

Eres la luz que alumbra mi sino,
Más esta soledad es un martirio,
Y sólo tu presencia es mi alivio.

Tú ya formas parte de mi destino,
Y para que no me muera de frío,
Unamos tu corazón y el mío.

Escribí una canción

Ayer, escribí una canción,
Para abrir tu corazón,
Pero eso, no sucedió.
Pues tu amor, nunca me correspondió,
Todo quedó, ocultó en el silencio, de esta canción.

Yo me quedé solo, sin nadie a quien amar,
Todos mis sueños, se quedaron atrás.
Ya no, me queda nada porque luchar,
Pues a mí, nunca me vas a amar.

Tú eras todo para mí,
Ahora ya no queda nada de ti.
Tus besos, son sólo parte de un sueño,
Un sueño, que ya tuvo fin.

Si tan sólo, me dieras un día más,
Para demostrarte, que te quiero de verdad.
Y amarte una vez más,
Pero eso, no sucederá.
Pues ya todo quedó atrás,
Y ya nada va cambiar.

¿Por qué?

Si en el firmamento,
En cada estrella te veo,
En cada astro, tu sonrisa es mi aliento.
Y en la Luna, el esplendor de tu mirada
Se refleja aquí en mi alma.

Pero...
¿Por qué no puedo llamarte amor?
¿Por qué no puedo estar contigo hoy?
¿Por qué la distancia se interpuso entre los dos?
¿Por qué el tiempo pasa y pasa?
Y yo sin poder hacer nada.

Y en mi geografía,
Te encontré en el mapa de mi vida.
Y desde entonces,
Sólo pienso en ti, noche y día.

Pero...
¿Por qué no puedo llamarte amor?
¿Por qué no puedo estar contigo hoy?
¿Por qué la distancia se interpuso entre tú y yo?
¿Por qué el tiempo pasa y pasa?
Y yo sigo aquí sin ti, sin ti.

Sin la presencia de tu piel,
Sin el aroma de tu aliento,
Sin el poder de un abrazo,
Sin un beso de tus labios.

¿Por qué?
¿Por qué no puedo llamarte amor?
¿Por qué no puedo estar contigo hoy?
¿Por qué la distancia me aparta de vos?
¿Por qué el tiempo pasa y pasa?
¿Por qué? ¿Por qué?

Quizás

La distancia es un obstáculo,
Que me mantiene intranquilo.
Pues no me permite estar contigo,
Y en la soledad, muero de frío.

Quizás algún día, pueda estar contigo,
Para demostrarte cuanto te he querido.
Quizás algún día, estés a mi lado,
Para demostrarte cuanto te he amado.

Tal vez no pueda verte,
Pero tu recuerdo está presente.
Tal vez no pueda besarte,
Pero tus besos están en mi mente.

Tal vez todo sea una quimera,
Y no formes parte de mi sueño.
Tal vez todo sea una fantasía,
Que desaparece en el tiempo.

Sin embargo, lo que hoy por ti siento,
Es más inmenso que el universo.
Es algo inexplicable para la razón,
Pues sólo el corazón entiende de amor.

Amor

El amor es el más bello sentimiento,
El cual, hoy yo siento por ti.
Tan intenso como un volcán en erupción,
Tan poderoso como la furia de un dragón,
Pero tan frágil y tierno como una flor.

El amor es el más hermoso sentimiento,
Que me hace feliz cuando pienso en ti.
Tan suave como la espuma del mar,
Tan puro como el azul del cielo,
Pero tan frágil como el cristal.

El amor se debe cultivar como una flor,
Se debe de alimentar y saber cuidar.
Para que el día de mañana florezca,
La más bella flor, que habita en el corazón.

Esta flor, que ha nacido en mi interior,
Lleva tu nombre incrustado en mi ser.
Pues tú eres el gran amor que habita en mi corazón.
Eres la única capaz de alegrar mi vida,
Y hacer mi sueño realidad.

Tal vez, la distancia no me permita regar esta flor,
Y tal vez, el tiempo quiera secar este amor.
Pero no permitiré, que el tiempo ni la distancia,
Marchiten nuestro amor.

Ciencias del amor

Sabías que en la física de mi amor,
El tiempo no existe en mi corazón.
La distancia no me aparta de tu gran amor,
Y como la fusión nuclear, tú y yo ya no somos dos.

Sabías que en la geografía de mi amor,
Tú eres el mapa que me guía.
La estrella que alumbra mi soledad,
Pues eres el sendero que no tiene final.

Sabías que en las matemáticas de mi amor,
Existe la suma entre tú y yo.
Ángulos opuestos que se unen para formar uno,
Infinidad de sensaciones cuando estamos juntos.

Sabías que en la lógica de mi amor,
No existe explicación para la razón.
Pues va más allá de ser definición,
Sólo la locura es capaz de entender al corazón.

Sabías que en la música de mi amor,
Tú armonizas mi corazón.
Brindándole melodías que jamás imaginó,
Pues eres la sinfonía que apacigua mi dolor.

Sabías que en la química de mi amor,
Tú y yo somos elementos.
Que ya unidos formamos un nuevo compuesto,
Cuyos enlaces son los sentimientos.

Sabías que en la literatura de mi amor,
Tú eres la poesía de mi corazón.
Eres canción de amor,
Pues tú eres mi única inspiración.

Sabías que en la biología de mi amor,
Tú eres la vida que habita en mi interior.
Que en cada célula vive tu ser,
Y mis tejidos, reproducen tu nombre en mi piel.

Amor

Un amor que yo siento,
Un amor de verdad,
Un amor que no tiene final,
Un amor que no llega a ser realidad,
No sé porque, no lo sé.

Tal vez sea el tiempo,
Tal vez la distancia,
Tal vez no se pueda,
Tal vez es prohibido.

Tal vez sea yo,
Tal vez seas tú,
Tal vez el destino,
No quiere que esté contigo.

Un amor que yo siento,
Un amor de verdad,
Un amor que no tiene final,
Un amor que no llega a ser realidad,
No sé porque, no lo sé.

Tal vez si me olvidas,
Tal vez si te olvido,
Tal vez no me puedas amar,
Tal vez todo quede atrás.

Tal vez si recuerdo,
Tal vez si te acuerdas,
Tal vez podamos estar,
Juntos para siempre,
Para podernos amar.

El amor

No hay ciencia que explique mi amor,
Pues va más allá de ser descripción.
Es un sentimiento que produce calor,
Y llena de alegría a este corazón.

Tal vez el tiempo llegue a su final,
Pero mi amor nunca ha de culminar.
Tal vez la distancia me aparta,
Pero mi alma contigo está.

Eres mi argumento y mi razón,
Eres mi melodía y mi canción.
Eres por quien vivo, por quien muero,
Eres todo lo que yo más quiero.

Mi amor es eterno y verdadero,
Es un sentimiento muy intenso.
Algo mágico que no entiendo,
Pues te llevo aquí dentro.

Eres la inspiración de mi alma,
La que alegra mi corazón con una mirada.
Aquella que me llena de ilusión,
Y se convierte en mi más preciada admiración.

Eres la poesía que se forma en mi mente,
La melodía que yace en mi corazón.
Aquella que armoniza mi razón,
Para convertirte en mi único amor.

MCNA(English Version)

N ymph of my heart desires,
A nd who hides in my dreams every night.
T ell me why you are in my mind,
A ll this time in my heart.
L et me know if you're my star,
I know, I will love you for the rest of my life.

A ngel of love, you're the one who I love the most,
U nfortunately, the distance is against us.
R edesigning the way to love,
O nce again, I'll try to love you more.
R egardless the distance that interferes with us.
A nnihilating the time that pass on.

M aintaining the flame of love ignited,
A miracle may come true today,
C ause our love is the reason to live.
E ven, when the wind blows against my dreams.
D elusion is what makes me feel, and
O racles show me you're my destiny.

C onfused by the way you love,
R econsidering those memories that we lost.
U niting our hearts to fall in love,
Z odiacal signs show me you're my love.

Guerra del amor

En la guerra del amor, hay que luchar,
Aunque se destruya este corazón.
Y derrotas cieguen hasta mi razón,
Miles de batallas he de enfrentar.

Yo nunca he de dejar de intentar,
Tu amor es más que una ilusión.
Pues tú eres toda mi inspiración,
Eres a quien por siempre he de amar.

Armas dividirán mi alma en dos,
Pero no dejo de sentir tu calor.
Tu mirada al final me conquistó.

Tal vez, al final estaremos juntos,
Y así compartir todo mi amor.
Demostrándote cuanto te quiero yo.

Sortilegio de amor

Un sortilegio de amor
Es tu mirada que me hechizó.
Es magia que en mi corazón nació,
Pues tu sonrisa me encantó.

Tal vez es un embrujo,
Tal vez un sortilegio,
Tal vez es un hechizo,
Tal vez un encantamiento.

Pero al final, fuiste tú quien me conquistó,
Pues el amor en mi brotó.
Antes de ti no había nada,
Sólo soledad que yo anhelaba.

Ahora he sido hechizado por tu mirada,
Y mi alma ha sido embrujada,
Con dicha y felicidad que no esperaba,
Pues tu esencia me encantaba.

Y si en esta dimensión,
No puedo estar contigo hoy.
Tal vez un viaje astral,
Me lleve a donde tú estás.

Mi alma cruzará el umbral,
De lo que conocemos como plano astral.
Para así acariciar tu alma,
Demostrándote quien te ama.

Mi destino

Está escrito en las estrellas,
Que tú eres mi destino.
Del amor que por ti siento,
La Luna es testigo.

La vida sabe que tú y yo,
Debemos estar juntos hoy.
Y la distancia es un obstáculo,
Para demostrar que este amor, no es un sueño.

No es un espejismo que se desvanecerá,
Al contrario, con el tiempo crece más.
Es amor que no conoce fronteras,
Es amor verdadero que nace en el alma.

Tú eres tan indispensable,
Como el aire que respiro,
Como el lugar donde camino,
Como el corazón para seguir vivo.

Tu voz es mi melodía,
Tu mirada mi armonía,
Tu sonrisa es poesía,
Y toda tú, el amor de mi vida.

Amor verdadero

El tiempo y la distancia,
Se interponen entre los dos.
Tal vez es prueba misma,
De que lo que hoy siento es amor.

Pues tu recuerdo siempre está presente,
Constantemente en mi mente.
Y no dejo de pensar a cada instante,
Que tú eres lo más importante.

El amor que por ti siento,
Va más allá de lo que el corazón está diciendo.
Pues no hay palabras para describir,
Todo el amor que me quema por dentro.

Tú eres la razón de mi sentir,
Pues hay sensaciones,
Que sólo aparecen cuando estás junto a mí,
Cuando sólo pienso en ti.

Tal vez no lo pueda explicar,
Tal vez no lo puedas entender.
Pero este sentimiento,
Lleva tu nombre grabado en mi ser.

Es el amor que sólo llega una vez,
Y no lo podemos perder.
Por eso seguiré luchando,
Para llegar a donde tú estés.

Te amo y siempre te amaré,
Y hasta la eternidad te seré fiel.
Tú eres el amor que yo soñé,
Eres la vida que habita en mi piel.

Lo que tú eres para mí

En la oscuridad de la noche,
Tu recuerdo es mi compañía.
Tu esencia es mi alegría,
Y tú, completas mi vida.

Pasa el tiempo y no te puedo ver,
Busco entre los recuerdo tu ser.
Pues te quiero como nunca imaginé,
Como a nadie más amé.

Tú eres como un tesoro en el cielo,
Como un misterio oculto en el mar.
Eres mi universo,
Eres amor sin final.

Tú eres mi musa,
Eres mi amor.
Tú eres poesía,
Eres canción.

Te escribo versos,
Para abrir tu corazón,
Para adentrarme en tu razón,
Para ver si correspondes a mi amor.

Eres el latir de este corazón,
Eres el motivo por el cual estoy.
Pues sin ti, no soy.
Sin ti, muero de amor.

Partículas

Partículas subatómicas,
Me llenan de intensa emoción.
Protones de ilusión,
Electrones de pasión.

Partículas que combinadas,
Generan sensaciones inesperadas.
Son fotones, son gravitones,
Tal vez bosones, tal vez gluones.

Son cargas electromagnéticas,
Que confunden mi razón.
Aquellas que recargan este corazón,
Pues son partículas de amor.

Un universo de estrellas,
Habitan mi cuerpo.
Miles de galaxias,
Yacen aquí dentro.

Los sentimientos,
Son enlaces de elementos.
Que ya combinados,
Me han desequilibrado.

Son partículas que reaccionan
Con la interacción de tu mirada,
Con la descarga de tu habla,
Con la energía cuando suspiraba.

MCNA(Version Française)

N eutralisé par ton regard,
A vec le pouvoir de ton âme,
T u produis des sensations inesperable.
A ujourd'hui je veux te voir,
L amentablement tu n`es pas ici ce soir,
I l y a de l'amour mais pas d'espoir.

A ttendant l'arrivée de l'avenir,
U n amour pure ne peux pas finir.
R ésigné à ne pouvoir plus sentir,
O bsédé de ton sourire,
R ien je peux faire, seulement mourir.
A battu par la solitude qui me tue, toujours.

M alheureux de ne pas pouvoir t'avoir,
A pparemment je ne peux plus croir,
C ar cependant tu n`es pas ici, je préfererais mourir.
E mbrassant ton âme aux dessous des étoiles,
D es mirages qu'apparaissent comme dans un rêve,
O bligé par la distance a te dire aurevoir.

C alamité de ne pas savoir,
R efusant toute possibilité d'être avec toi.
U nissons ton coeur et mon âme,
Z iguillant toute la peine qu'à ma solitude rafferme.

MCNA V. 3.0

N eutralizado por tu mirada,
A l usar el poder de tu alma,
T ú produces sensaciones inesperadas.
A hora sólo quiero verte,
L amentablemente no estás presente,
I rónico es que haya amor pero no ilusión.

A l llegar el porvenir,
U n amor puro no se puede extinguir.
R esignado a no poder sentir,
O bsesionado con verte sonreír,
R echazo la idea de estar sin ti.
A batido por no poderte tener junto a mí.

M alhumorado de no tenerte cerca de mí,
A parentemente ya no puedo creer que viví,
C uando tú no estás aquí, yo me siento morir.
E n las estrellas abrazando tu alma yo me encuentro,
D ando lugar a espejismos como en un sueño,
O bligado por la distancia a decir hasta luego.

C alamidad es no saber,
R echazando así, el no poder estar cerca de ti.
U niendo mi corazón y tu alma,
Z afo toda esta pena que me embriaga.

Imposible olvidar

Como el Sol en el mar
Es algo imposible de lograr.
Así tu recuerdo
Es imposible de olvidar.

Tú te has apoderado de mi mente,
Te has adueñado de mi corazón.
Ahora siempre estás presente,
Pues tú eres toda mi ilusión.

Tu recuerdo es mi compañía,
Y tus ojos son mi guía.
Tú eres la mitad del alma mía,
Y sólo pienso en ti noche y día.

Tus ojos como estrellas
Alumbran mi corazón,
Y tu sonrisa,
Cálida como el sol.

Noches frías sin tu amor,
Desolado en mi habitación.
No puedo olvidar cuanto te quiero yo,
Pues siempre te llevo en el corazón.

Viaje al corazón

Pasajero en el tren del amor
Abordo los sentimientos,
Que habitan tu interior,
Hasta llegar a oír tu voz.

Ahí, veo la metrópolis del amor,
Edificada en tu corazón.
Rascacielos de luz y calor,
Vías que conducen al misterio de esta canción.

Viajando al corazón,
Descubro lo desconocido de tu voz.
Una melodía tan suave como el pétalo de una flor,
Y tan divina como los ángeles y su voz.

En esta gran ciudad,
Te vine a encontrar.
Y hasta la eternidad,
Yo te he de amar.

El viaje terminó,
Cuando toqué tu corazón,
Cuando pude oír tu voz,
Cuando tu mirada me iluminó.

Así, encendiste la llama que habita en mi interior,
Y le diste vida a este corazón.

Astronomía del amor

Tus ojos como estrellas
Alumbran mi vereda.
Y como el Sol a la Tierra,
Le dan vida a mi existencia.

Aquellos ojos, aquellos astros;
Cálidos y luminosos,
Tiernos y maravillosos
Son tan poderosos.

Tus ojos son cometas,
Que prenden mi pasión.
Y arden dentro de mi corazón
Encendiendo el fuego del amor.

Tu mágica mirada
Es capaz de iluminar mi alma.
Reflejando una luz tan intensa,
Que por las estrellas es envidiada.

Años luz de distancia,
No dividen el sentimiento.
Pues tú estás aquí dentro,
En el universo de mi cuerpo.

El tiempo y el espacio
Se han opuesto.
Pero el amor que por ti siento
Es más inmenso.

Amor sin fronteras

Podrán ríos y estados
Separar nuestros cuerpos.
Pero nunca el amor que por ti siento,
Pues no existen fronteras que dividan el sentimiento.

Divisiones políticas,
Podrán dividir nuestro mundo en fragmentos.
Pero jamás, los bellos momentos;
No hay fronteras que te aparten de mis pensamientos.

Tal vez no te pueda ver,
Pero tu recuerdo está grabado en mi piel.
Tal vez no te pueda tocar,
Pero en el aire te puedo respirar.

Tal vez no te pueda besar,
Pero tus besos he de conservar.
Tal vez no te pueda abrazar,
Pero tu alma puedo acariciar.

La distancia es enemiga nuestra,
Y el tiempo otro adversario más.
Al que hay que enfrentar.
Sin embargo, esta lucha no ha llegado a su final.

Todavía nos quedan armas con que luchar,
Y así, combatir al destino,
Que dividió nuestro camino,
Para poder nuevamente estar contigo.

Dices...

Dices que estoy loco,
Porque sólo en ti pienso.
Dices que estoy loco,
Porque por ti hoy muero.

Dices que estoy loco,
Por decir lo que siento.
Dices que estoy loco,
Porque crees que todo es un sueño.

Tal vez, haya perdido la cordura,
Y tal vez, esté obsesionado con la Luna.
Tal vez por eso, crees que todo es una locura,
Y tal vez por eso, no tienes compasión alguna.

Tal vez, la razón se ha desvanecido,
Tal vez por eso, no entiendes lo que te digo.
Tal vez, el amor es tan complejo,
Que sólo el corazón puede comprenderlo.

Dices que estoy loco,
Por llamarte amor.
Dices que estoy loco,
Por cantarte una canción.

Tal vez estoy loco,
Porque fuiste capaz de hacerme perder la razón.
Tal vez estoy loco,
Pero loco por un amor que nació en mi corazón.

Dices que estoy loco,
Porque no sientes lo mismo que yo.
Dices que estoy loco,
Por escribir versos inspirados en vos.

Tal vez locura y amor
Compartan la misma definición,
Y tal vez algún día,
Compartamos el mismo corazón.

Amor distante

Un día, nuestros caminos se cruzaron,
Y un día, el destino se encargó de separarlos.
Tal vez, nos encontremos otra vez,
Y así, saber si tú me amas también.

Ahora vivimos distanciados,
Sin saber si el tiempo que ha pasado.
Nos ha totalmente cambiado,
O tal vez, nos hemos olvidado.

Espero ávido el día del reencuentro,
Para demostrarte, que tú eres lo que yo más quiero.
Que para mi corazón, no ha transcurrido el tiempo,
Y que la distancia, no es suficiente para apartarte de mi mente.

Amor distante,
Amor imposible,
Amor irrealizable,
Amor inalcanzable.

Dos naciones dividen nuestro amor,
Pero el mismo continente compartimos hoy.
El tiempo pasa y la vida se acaba,
Pero mi amor por ti no cambia.

El Amor y la guerra

El amor y la guerra
Son definiciones opuestas.
Pero para llegar a ellas,
No hay gran diferencia.

La guerra
Suele ser causada por la ambición.
El amor
Es causado por el corazón.

En la guerra
Se conquistan naciones.
En el amor
Se conquistan corazones.

En la guerra
Se pierde la vida.
En el amor
Se da hasta la vida.

En la guerra
Armas nucleares son la mejor elección.
En el amor
La mejor arma, es el corazón.

La guerra
Genera únicamente destrucción.
El amor
Genera una nueva creación.

En la guerra
Se pierde el corazón.
En el amor
Se pierde la razón.

Una guerra acaba,
Cuando no hay soldados para seguir luchando.
Un amor termina,
Cuando no hay esperanza para seguir intentando.

Mercadotecnia del amor

Entre la oferta y la demanda;
Las finanzas son administradas por el alma.
Y en donde los sentimientos son la mejor inversión.
Pues generan intereses que evitarán la inflación.

El corazón como producto
Ofrece algo más que calor.
Y los detalles como conducto
Son la mejor forma de amor.

Para llevar acabo la transacción,
Hay que convencer al consumidor.
Pues en el negocio del amor
Se da la mejor cotización.

En la mercadotecnia del amor,
No hay mejor producto que el corazón.
Desafortunadamente el vendedor,
No acepta cambios ni devolución.

Los besos como moneda
Son usados para efectuar la venta.
Y los abrazos como pago
Son el impuesto al valor agregado.

Así es como trabaja el corazón,
Donde los recuerdos incrementan la inversión,
Y los detalles son la mejor propaganda de amor;
Nos permiten llegar al consumidor y sentir su calor.

Así es como el negocio del amor,
Nunca se irá a la quiebra.
Pues con tan buena inversión,
La crisis nunca llega.

Virus de tu amor

El virus de tu amor
Invade las células de mi corazón.
Provocando una rara sensación,
Que ha de generar calor.

También, ataca las células de mi razón,
Pues cada neurona provoca alucinación.
Y ahora que te encuentras distante,
Tu recuerdo me mantiene estable.

El sonido de tu voz como medicamento;
Es el suero que mantiene mi corazón latiendo.
Pues este virus me está consumiendo,
Haciéndome padecer de abulia a cada momento.

Y no sé que hacer,
Pues este virus ha infectado mi ser.
Sólo tu querer
Es capaz de hacerme renacer.

Tus besos como medicina
Habrán de sanar mi vida;
Capaz de curar las heridas,
Con tan sólo unas caricias.

Este virus ha modificado mis génes,
Pues tu nombre se reproduce en mi ADN.
Generando dolor si tú no vuelves,
Generando fascinación si tu amor a mí pertenece.

Este virus se activa en soledad,
Pero no me daña cuando tú estás.
Pues tú eres mi medicina en verdad,
Y tu sonrisa nunca está de más.

Ángeles y demonios

Ángeles y demonios
Sólo generan odios.
En un duelo permanente
Se enfrentarán a muerte.

Los ángeles me quieren junto a ti,
Los demonios quieren apartarte de mí.
Pero en el umbral de mi destino,
Yo lucharé por estar contigo.

Vivo en las tinieblas,
Cuando te alejas.
Pero vivo en el paraíso,
Cuando estás conmigo.

¿Siempre habré de lidiar
Entre el abismo y los campos elíseos?

Tú eres mi ángel de amor,
Pues contigo puedo olvidar el rencor.
Tú eres mi tentación,
Pues pecar contigo es mi ambición.

Como evitar desearte,
Si yo nací para amarte.
Como evitar quererte,
Si sólo quiero tenerte.

Entre el averno y el edén
Es contigo que quiero vivir.
Pues tú eres la razón de mi latir,
Y por ello, los demonios me han de agredir.

Tendré que atravesar sus dominios,
Para poder llegar a ti.
Tal vez generaré destrozos,
Para tenerte cerca de mí.

Entre el bien y el mal,
El pecado sabe a gloria junto a ti.
Y sería crucial,
El no cumplir con todo aquello que prometí.

Amor geográfico

En el atlas del amor,
Tú posees el mapa de mi corazón.
Trazando nuevos caminos a color,
Y descubriendo horizontes de pasión.

En la cartografía de sentimientos,
Tú brindas los mejores momentos.
Pues en la orografía de tu cuerpo,
Hay montañas que no se han descubierto.

Navegando por los siete mares,
Nos hemos enfrentado a huracanes.
Hemos abatido tempestades,
Y explorado misteriosos lugares.

Y en la gruta del placer
Exploro el manantial de tu ser.
Donde bebo del agua de tu piel,
Que es tan dulce como la miel.

Y a pesar de la corriente,
Nos enfrentamos a torrentes,
Que atormentan a la gente,
Pero seguimos presentes.

Tornados de confusiones,
Y tormentas de emociones,
Se apaciguan con perdones,
Combatiendo el mal de amores.

Sinfonía de amor

Al compás de mi corazón,
Me acompaña tu respiración.
Y tu voz como melodía
Es mi mejor armonía.

Donde los acordes del alma,
Le dan ritmo a mi vida.
Y donde mi inspiración
Es la nota de esta canción.

En la sinfonía de tu ausencia,
Los recuerdos son los instrumentos.
Y en donde tú eres afonía,
Del concierto de silencios.

Al son de tu latido,
Mi esencia baila contigo.
Y donde tus caricias,
Marcan el tiempo perdido.

El viento sigiloso
Se escucha a lo lejos.
Y tal vez quiere decir,
Que sin ti, yo no puedo seguir.

Pues en el cariño musical
Amarte a ti es fundamental.
En donde los besos y abrazos,
Partitura de amor serán.

¡Feliz cumpleaños!

Hoy se añade un año más
Al calendario de tu vida.
Un año más,
De tristeza y alegría.

Inolvidables momentos,
En soledad o en compañía.
Que llevarás dentro,
Hasta el fin de tus días.

Ya ha pasado un año más,
Desde aquel día.
Que por primera vez,
Viste la luz del día.

Hoy vengo a ti con la intención,
De verte sonreír con esta canción.
Hoy vengo a ti para felicitarte,
Pues para mí, tú eres lo más importante.

Hoy se marca un año más de vida,
Un año más de sabiduría,
Un año más de pensar en ti,
Un año más de amarte así.

Un año más comienza,
Lleno de retos por realizar.
Y sueños que alcanzar,
Un año más en que tú no estás.

¡Felicidades Princesa!

Emperatriz

Dulce emperatriz de amor,
Soberana de los confines de mi corazón.
Tú erradicas todo el terror,
Y estar al lado tuyo es inhibición.

Tú gobiernas cada paso que doy,
Y tu fiel caballero yo soy.
Tuya es mi alma,
Y es a ti a quien debo la calma.

Tú reinas mi vida entera,
Pues eres la llama de mi hoguera.
Siendo verso y prosa te has convertido poesía,
Y sin tú saberlo, me llenas de alegría.

Tu alma es mi bandera,
Y morir por ti es mi lema.
Siempre al servicio de mi reina,
Y de los enemigos he de defenderla.

Sabías que...

Sabías que el universo es tan complejo,
Que un astrónomo queda perplejo.
Sabías que el amor es tan complicado,
Que aún está siendo estudiado.

Sabías que el universo es tan extenso,
Que aparentemente es eterno.
Sabías que el amor es tan inmenso,
Que va más allá de ser superno.

Sabías que en el universo confundimos
A los planetas con estrellas.
Sabías que en el amor confundimos
Los sentimientos con bellos momentos.

Sabías que el universo está lleno de misterios,
Así como de estrellas y galaxias.
Sabías que el amor está lleno de enigmas,
Así como de sueños y fantasías.

Sabías que tanto el amor como el universo
Pueden desvanecerse en el tiempo.
Sabías que ambos serán siempre recordados,
Como algo místico y extraordinario.

¿Sabías...?

Anclado en soledad

Entre los recuerdos me ahogo,
Inundado en melancolía.
De la soledad soy náufrago,
Y con el alma en agonía.

Fui navegante de tu amor,
Y exiliado de tu corazón.
Me he convertido en un perdedor,
Y mi alma, atravesada por un arpón.

En las profundidades de la ilusión,
Vi tu silueta decir adiós.
Y como una sirena me hiciste perder la razón,
Para dejar mi alma partida en dos.

Hoy sueño con volver a ver tu faz,
Y acariciar tu piel una vez más.
Pues sólo contigo encuentro paz,
Y dejar de decir te amo: ¡Jamás!

La distancia como penitencia
Es mi peor castigo.
Y todo aquello que a mi pertenecía
Se lleva consigo.

Soy capitán de la nostalgia en altamar,
Y tu recuerdo como tempestad;
Es una borrasca que me ha de despedazar,
Y tal vez, me hunda ante tal adversidad.

Signos opuestos

Tú piscis y yo sagitario,
Representamos todo lo contrario.
Yo al fuego y tú al agua,
Así como la furia y la calma.

Tu signo es negativo
Mientras que el mío es positivo.
Tú eres paciente
Mientras que yo soy intransigente.

Como el día a la noche,
Como la luz a la oscuridad.
Polos tan opuestos,
Que al parecer venimos de diferente lugar.

Diferentes totalmente,
Pero yo te amaré hasta la muerte.
Pues a pesar de lo opuesto
Es a ti a quien más quiero.

Ideologías tan distintas,
Y siendo yo antagonista de tu pensamiento.
Pero siempre unidos por el mismo sentimiento,
Pues el corazón hace compatible nuestro amor.

Enlaces de amor

Los enlaces de amor
Suelen ser formados por el corazón.
Son moléculas de ilusión,
Y los sentimientos, el catalizador.

Iones de pasión,
Y tu sonrisa un transmisor.
Tu mirada mi atracción,
Y tus pensamientos mi motor.

Y como una cadena de ADN
Engarzo cada recuerdo a mi ser.
Y quizás me desoxigene,
Si yo no te vuelvo a ver.

Átomos de alegría
Conectan mi vida,
Formando una molécula nueva,
Que yo desconocía.

Un enlace molecular,
Nuevas emociones generará.
Pues a ti he de adorar,
Y este enlace nunca culminará.

Muerto en soledad

Jornadas de soledad
Destruyen mi felicidad.
Y aquel sueño que ahora es gris,
Sólo es un amarescente matiz.

Cada día es tan umbrío,
Que no puedo ver por do camino.
Pues se ha opacado mi destino
Dejando un inmenso vacío.

El Sol ya no aparece por las mañanas,
Y la Luna ya no se asoma por mi ventana.
Mi corazón, una primavera de flores marchitadas,
Pues yo sin tu amor, ya no soy nada.

Y la penumbra que habita en mí
Se desvanece cuando te veo venir.
Tu sonrisa son mis ganas de vivir,
Y con tu mirada, ya no hay oscuridad aquí.

Cada día que pasa

Cada día que pasa
Es un martirio el no verte.
Cada día que pasa
Destroza mi mente.

Cada día que pasa
Es fulminante el no tenerte.
Cada día que pasa
Se parece a la muerte.

Cada día que pasa,
Hay un vacío que no se llena con nada.
Cada día que pasa
Llora mi alma.

Cada día que pasa,
Mi corazón se desgarra.
Cada día que pasa,
Soy atravesado por una espada.

Cada día que pasa,
Esta soledad me mata.
Cada día que pasa,
Tú me haces tanta falta.

Cada día que pasa,
Cada día que pasa,
Yo no puedo vivir,
Pues sin ti, sólo me queda morir.

Amor por siempre

Amor mío, te has ido tan lejos,
Que sin darte cuenta,
Me has dejado en el olvido.

Ahora quiero que tú sepas,
Que sin ti no vivo.
Que contigo quiero estar,
Y llegar al infinito.

Pues tú eres lo que yo más quiero en este mundo,
Y aunque no entiendas el porqué.
Yo siempre te llevaré, en el alma y en la piel.

Pues tú eres la razón de esta canción,
Tú eres el amor, que llenó mi vida de ilusión.
Tú eres el porqué del latir de mi corazón,
Pues tú le devolviste la vida que ayer perdió.

¿Por qué te has ido?
Si me dejas herido.
¿Por qué no ves?
Que yo siempre te he querido.

Tú eres tan sensacional,
Que tu mirada me brinda felicidad.
Tu sonrisa es mi alegría,
Y toda tú, mi diva.

Ruego por tu amor

Una bendición es oír tu voz,
Una oración para abrir tu corazón.
Sólo le ruego a Dios,
Que yo sea tu vocación.

Pues de este amor perpetuo,
Los ángeles son testigos.
Y si este amor es mutuo,
Seremos más que amigos.

Un milagro sería
Estar junto a ti cada día.
Un prodigio sería
Que sin razón aparente me llenes de alegría.

Y si la fe mueve montañas,
Yo le imploraré al Señor,
Verte despertar por las mañanas.

Si pudiésemos compartir nuestras vidas,
Yo rezaría por tu amor cada día.
Pues del amor que yo he sentido,
Dios sabe que a ti es a quien más he querido.

Todo por tu amor

Como los argonautas en busca del vellocino de oro,
Así te busco yo a ti como mi tesoro.
Como Jasón enfrentándose a un dragón,
Así lucharé yo por ganar tu corazón.

Como Orfeo que bajó al Hades en busca de su amor,
Así yo voy al fin del mundo para encontrar tu calor.
Como la promesa que hizo Perseo,
Así te prometo yo que tú estás primero.

Como las sirenas que a los marinos han de hechizar,
Así me embrujas tú con tu mirar.
Como los avatares que afrontó Paris por Helena,
Así sobrepaso yo, cualquier vicisitud,
Para entregarte mi alma entera.

Como el Sol que alumbra al planeta,
Así me iluminas tú con tus ojos de estrella.
Como las almas que se pierden en el limbo,
Así me siento yo cuando no estoy contigo.

Como el fénix que puede renacer porque es inmortal,
Así mi amor va más allá de la eternidad.
Como el Minotauro que al final fue derrotado,
Así yo algún día, te habré conquistado.

Amor cibernético

A pesar que vivimos en diferente nación,
Existe el ciberespacio para compartir nuestro amor.
Un mundo virtual donde puedo sentir tu calor,
Y en donde te entrego el corazón.

No importa cuantas millas hay de distancia,
Pues con caricias electrónicas toco tu alma.
En el chat te expreso lo que hoy siento,
Y en un e-mail te escribo un nuevo verso.

Una foto digital para poderte admirar,
Y un micrófono para poderte cantar.
Pues tú eres toda mi ilusión,
E inspiras la mejor canción.

Donde un beso tuyo
Es lo más preciado de este mundo,
Y en donde un abrazo,
Puedo sentirlo aunque sólo sea una base de datos.

En la red podemos navegar,
Y conectarnos desde cualquier lugar.
Para demostrarte que mi amor está en conexión,
Y poder así, unir al corazón.

Soledad que mata

¿Cuánto dolor alberga mi alma?
Pues sólo la soledad me acompaña.
¿Cuánto tiempo nos falta?
Para compartir cada mañana.

No es posible vivir así,
Pues yo te llevo dentro de mí.
No es posible seguir aquí,
Pues yo sólo te quiero a ti.

Soledad que mata
Mientras tú me haces falta.
Soledad que despedaza
Mientras se desvanece la calma.

Soledad que quema el alma,
Heridas que no se curan con nada.
Soledad que envenena,
Agonía que incrementa.

Una condena,
El no tenerte junto a mí, princesa.
Afligido de perder tu mirada,
Pues sin ti, mi vida se acaba.

Así de cruel es la soledad,
Que apuñala al corazón sin piedad;
Causando una tempestad,
Que se convierte en calamidad.

Soledad que mata,
Dulce que amarga.
Aire que asfixia,
Soledad asesina.

Soledad implacable,
Que sin compasión mata.
Soledad insensible,
Que día a día me despedaza.

¿Qué debo hacer?

¿Qué debo hacer?
Para convertirme en tu sueño de amor.
¿Qué debo hacer?
Para convertirme en el aire de tu respiración.

¿Qué debo hacer?
Para convertirme en el latido de tu corazón.
¿Qué debo hacer?
Para convertirme en tu ilusión.

¿Qué debo hacer?
Para que pienses en mí cuando no estoy.
¿Qué debo hacer?
Para que me recuerdes hoy.

¿Qué debo hacer?
Para ganarme tu admiración.
¿Qué debo hacer?
Para conquistarte con una canción.

¿Qué debo hacer?
Para convertirme en tus alas.
¿Qué debo hacer?
Para que tú seas mi amada.

¿Qué debo hacer?
Dime por favor.
¿Qué debo hacer?

Poema de amor

En el pentagrama de mi alma
Escribo la nota de mi guitarra.
Mientras mi corazón te canta,
Para decirte cuanto te ama.

Ahí, tu aliento marca el silencio,
Y tus latidos, el tiempo que no estás conmigo.
En donde tu cuerpo es argumento de un verso,
Y tu recuerdo es tan sólo un sueño.

Tu figura es la mejor escultura,
Pues representa a la más perfecta criatura;
Capaz de embrujar con tanta hermosura,
Y siendo tu rechazo la peor tortura.

Un universo de misterios
Son tus ojos bellos.
Una lluvia de quimeras,
Tu sonrisa más bella.

Tú eres la mejor arquitectura,
Inspirando a crear la más bella pintura.
Pues tú eres la octava maravilla,
Un regalo del cielo para mi vida.

Es imposible…

Es imposible dejarte de amar,
Como es imposible morir de hipotermia dentro de un volcán.

Es imposible dejarte de soñar,
Como es imposible morir de deshidratación bajo el mar.

Es imposible dejar de pensarte,
Como es imposible en un desierto ahogarse.

Es imposible dejar de extrañarte,
Como es imposible en el aire asfixiarse.

Es imposible quererte olvidar,
Como es imposible que el infierno se llegue a congelar.

Es imposible dejar de sentirte,
Como es imposible que el fuego se enfríe.

Es imposible dejar de quererte,
Como es imposible querer seguir sin tenerte.

Es imposible querer dejarte ir,
Como es imposible querer vivir sin ti.

Es imposible…

Tu recuerdo...

Cada noche te veo,
Pues en la Luna quedó plasmado tu recuerdo.
Cada estrella en el cielo,
Te dice cuanto te quiero.

Y es que la distancia,
No es capaz de omitir el sentimiento.
Pues a pesar de la ausencia,
Tú eres mi argumento.

No hay razón para olvidar este amor,
Pues te llevo en mi corazón.
Y para poder estar mejor,
Fundamos nuestros cuerpos en una llama de pasión.

Mientras tu recuerdo se manifiesta,
En cada sueño que tengo.
Tú como un fantasma
Te apareces a cada momento.

Y es que tu recuerdo,
Es tan sólo como un espejismo en el desierto.
Pues aunque te veo,
No te tengo, tan sólo estás en mi pensamiento.

Sin embargo, a pesar de no tenerte,
Puedo sentir el calor que tu cuerpo desprende.
Y respirar tu aliento que se encuentra en el viento,
Es algo inexplicable, que no alcanzo a comprenderlo.

Pero tu recuerdo,
No se anula en el tiempo.
Y algún día podré volver a verte,
Para decirte lo que mi corazón siente.

Delirio inminente

El delirio es inminente,
Cuando la fantasía de estar contigo
En realidad se convierte,
Y teniendo a una estrella como testigo.

Te declaro todo el amor que yo he sentido
Mientras por tus ojos desvarío.
Y el eco de tu voz escucho en el vacío,
Ya que de mi corazón no te has ido.

Y en una nube puedo ver tu figura,
Capaz de emitir tanta dulzura,
Capaz de despejar toda la amargura,
Aunque esto te suene a locura.

Pues para mí, no hay más grande amor,
Que el que por ti siento hoy.
Y tal vez para ti no estoy,
Pero para mí, tu ausencia produce dolor.

Y tal vez sea una alucinación,
O un espejismo en mi corazón.
Pero te veo en cada rincón,
Pues te has convertido en mi obsesión.

Y como una droga que con el tiempo aprisiona,
Me hice adicto al sonido de tu voz.
Y me ilusioné con un amor para nosotros dos.
Mientras mi alma, por ti se obsesionaba.

Yo no sé

Yo no sé cuanto tiempo
Pueda vivir sin ti.
Yo no sé cuanto tiempo
Pueda seguir así.

Tú eres la llama que enciende mi pasión,
Tú eres el latido de este corazón,
Capaz de llenar mi vida de ilusión,
Capaz de inspirar esta canción.

Yo no sé cuanto tiempo
Puedo vivir sin ti.
Yo no sé cuanto tiempo
Puedo seguir así.

Tú eres el amor que yo esperé,
Tú eres de quien me enamoré,
Capaz de iluminar mi día,
Capaz de hacerme ver el Sol
Con tu sonrisa.

Y no sé cuanto tiempo
Podré resistir sin ti.
No sé cuanto tiempo
Podré resistir así.

Tú eres la palabra que nace en mi alma,
Tú eres la huella que se quedó marcada,
Capaz de realizar lo irrealizable,
Capaz de alcanzar lo inalcanzable.

No podría

No podría fijar mi mirada en otro cuerpo,
Pues el tuyo es más que perfecto.
No podría hablar de amor,
Si me hace falta tu calor.

No podría entregarle mi corazón a otra mujer,
Pues a ti pertenece todo mi ser.
No podría escribir una canción,
Sino fuese por ti que eres mi inspiración.

No podría volver a soñar jamás,
Si tú de mis sueños te vas.
No podría dejar de pensar en ti,
Pues tú estás dentro de mí.

No podría dejar de quererte,
Pues te necesito más allá de la muerte.
No podría explicar lo que mi interior siente,
Es un fuego que arde eternamente.

No podría en lo absoluto olvidarte,
Pues es imposible de mi mente borrarte.
No podría describir mi amor con una palabra,
Pues no existe la definición que tanto buscaba.

No podría, simplemente no podría.

Noches frías

Noches frías en soledad,
Sólo tu recuerdo me acompañará.
Una estrella se muestra compasiva,
Iluminándome con tus ojos cada día.

Tu mirada plasmada en el universo,
Tu sonrisa tan pura como el firmamento.
Tú, un ángel que ahora es mi argumento,
Para combatir todo lo adverso.

Noches frías de agonía,
Sólo tu esencia le da sentido a mi vida.
Y aunque la ausencia me domina,
Tú me alumbras como un faro para ser mi guía.

Tus labios son un deleite prohibido,
Tus besos son como tocar el paraíso.
Las caricias son los más prodigiosos vestigios,
De la fusión de tu corazón y el mío.

Ya no hay noches frías en soledad,
Pues tú enciendes el fuego en verdad.
Eres la llama que arde en mi alma,
Eres la llama que nunca se apaga.

Un beso tuyo

Un beso tuyo es capaz de acelerar mi corazón,
Un beso tuyo es tan cálido como el Sol,
Un beso tuyo es tan poderoso como una explosión,
Un beso tuyo produce fuego en mi interior.

Un beso tuyo genera innumerables sensaciones,
Un beso tuyo produce infinitas emociones,
Un beso tuyo puede sanar las heridas,
Un beso tuyo restablece mi vida.

Un beso tuyo se convierte en poesía,
Un beso tuyo me llena de alegría,
Un beso tuyo se roba el alma mía,
Un beso tuyo ilumina mi día.

Un beso tuyo desborda pasión,
Un beso tuyo es argumento de amor,
Un beso tuyo es un verso en mi canción,
Un beso tuyo desvanece el dolor.

Un beso tuyo es un deleite a mi paladar,
Un beso tuyo es el milagro de amar,
Un beso tuyo convierte sueños en realidad,
Un beso tuyo es algo maravilloso en verdad.

Un beso tuyo me eleva al paraíso,
Un beso tuyo me lleva a los campos elíseos.

Ángel

Y es que tú eres el ángel,
Que le dio sentido a mi vida.

Tú eres el ángel,
Que me protege de noche,
Que me protege de día.

Tú eres el ángel,
Que se ha convertido en mi guía.

Tú eres el ángel,
Mensajero de Dios,
Trayendo un mensaje de amor.

Tú eres el ángel,
Mi dulce compañía.

Si estuvieras…

Si estuvieras cerca…
Con un beso te demostraría cuanto te he amado.

Si estuvieras cerca…
Con un abrazo te demostraría que estoy a tu lado.

Si estuvieras cerca…
Con una caricia te demostraría que no te he olvidado.

Pero a distancia,
¿Cómo demostrarte lo que mi interior siente?
A distancia,
¿Cómo demostrarte el calor que mi corazón desprende?

Sólo el amor verdadero
Va más allá de la existencia física.
Mientras al tiempo y la distancia nadie desafía,
Yo me enfrentaré a ellos porque te quiero más cada día.

Pues con verdadero amor puedo acariciar tu alma,
Con verdadero amor puedo tocar tu corazón.
Sólo con verdadero amor puedo sentir tu calor,
Y la distancia, no es nada cuando hablamos de amor.

Si estuvieras…

Sin ti...

Quizás no pueda estar contigo,
Pero tu recuerdo es quien me mantiene vivo.
Y cada noche te sueño conmigo,
Para demostrarte que sin ti no vivo.

La soledad se ha convertido en mi sombra,
Y mi corazón simplemente llora.
Pues la luz de la Luna se desvanece
Mientras mi alma por ti enloquece.

Sin ti mi vida se pierde,
Y esta soledad se extiende.
Pues tú eres mi estrella,
Luz que me guía y me alienta.

Palpita mi corazón gracias a tu existencia,
Pues cada latido es un te quiero que te digo.
Mientras tu ausencia aniquila mi subsistencia,
Tu cuerpo se ha convertido en mi único abrigo.

Vivir sin ti
Es tan difícil como viajar a través del tiempo.
Vivir sin ti
Es tan difícil como encontrar agua en el desierto.

Vivir sin ti
Es tan difícil como viajar en el universo.
Vivir sin ti
Es tan difícil como trasladarse a un mundo paralelo.

Vivir sin ti
Es simplemente imposible para mí.

Etimología del amor

Las palabras, no son sólo palabras en la ciencia del amor,
Cada una de ellas, tiene diferente denotación.
Y para entenderlas, necesitamos consultar un glosador,
Pues carecen de una estricta definición.

Las palabras son sentimientos que nacen del alma,
Las cuales sólo son interpretadas por el corazón.
Y sólo podrán ser tasadas por aquel que ama,
Son un plectro llenas de una intensa emoción.

Las palabras van más allá de ser simplemente significados,
Pues son conceptos capaces de intensificar las sensaciones.
Un diestro en amor sabe el valor de los sentimientos dados
Mientras que un iletrado desconoce la etiología de amores.

No obstante, hay palabras que pueden desgarrar el alma,
Así como hay palabras que pueden acariciar el corazón.
Como verán, las palabras pueden dar vida así como destruirla,
Se requiere más que una etimología para saber su definición.

Un adiós, no significa simplemente despedida,
Para alguien puede significar ser atravesado por una espada.
Un adiós no es simplemente abur,
También puede significar mal presagio para un augur.

La etimología del amor
Es muy compleja para los ojos que no quieren mirar.
La etiología de amores
Es embrolladora a los oídos que no quieren escuchar.

Si escuchásemos más seguido al corazón,
Podríamos entender mejor los términos del amor,
Con dichos vocablos podríamos sentir calor,
Y podríamos usarlos para entonar una canción.

Sueño de amor

Soñando ayer con tu recuerdo,
En tu habitación me encontraba.
Mientras amor eterno yo te juraba,
Aquella noche de pasión mi corazón habías robado.

Una tormenta de caricias cubrió mi cuerpo,
Un remolino de emociones; los mejores momentos,
Con mil besos cubrí todo tu cuerpo,
Y los átomos cargados de fuego eran más que elementos.

Cada noche junto a mi ventana,
La Luna tu sonrisa reflejaba.
Una ilusión de compartir contigo mi cama,
Y el deseo de verte sin nada.

Cada noche junto a mi almohada
Veo cómo tu figura se alejaba.
Un sueño el tenerte junto a mi cada mañana,
Una cruel realidad cuando despertaba.

Un sueño en el que yo te amaba,
Donde la temperatura de nuestros cuerpos se elevaba.
Un sueño en el que te hacía mía,
Donde tu corazón me entregabas para que yo te amara.

Amándote

Tu cuerpo semidesnudo apareció en mi habitación,
Y sin hablar, te acercaste a mí para darme un beso.
La unión de dos almas en un sólo corazón,
Y la Luna, testigo del amor que te tengo yo.

El movimiento de tus caderas perturba mis pensamientos,
Haciéndome perder el sueño para desearte a cada momento.
Discúlpame, yo sé que no debería de hacer tales atrevimientos,
Pero el no tenerte cerca de mí se ha convertido en tormento.

Y en una noche de pasión vivimos nuestro amor,
Donde tus besos eran el manjar de los dioses.
Y aquellas caricias revivían el deseo a voces.
Así, tú hiciste vibrar cada célula de mi interior.

Nos amamos con frenesí aquella noche,
Y en una lluvia de caricias te hice mía.
Fue como escuchar una dulce melodía,
Era una entrega total a la medianoche.

El dormir contigo fue sensacional,
Fue fascinante sentir el fuego que arde en ti.
El calor desprendido fue excepcional,
Deseando que se vuelva a repetir y seas sólo para mí.

¿Por qué dudáis de mi amor?

¿Por qué decís que no os quiero junto a mí?
No engañéis a vuestro corazón,
Podéis confiar en mí,
No os pido perder la razón.

Tan sólo os pido consentimiento,
Para acercar vuestro corazón al mío.
Permitidme decirle lo que por vos siento,
Pues vos es a quien yo más quiero.

Vos llenáis de luz las tinieblas que habitad en mí.
Vos sois un cántico celestial con perfecta armonía.
Vos alegráis mi vida cuando estáis junto a mí.
Vos sois música, la más preciada y dulce melodía.

¿Por qué dudáis de mi amor?
Si vos no estáis, no existe el calor.
¿Por qué creéis que mis palabras son inciertas?
Si las palabras de corazón son las más sinceras.

No dudéis que os quiero,
Todo lo que siento es cierto.
No dudéis de mi amor,
Pues vos aliviáis mi dolor

Contrato del amor

En el contrato del amor
Hemos firmado nuestra unión,
Con sentimientos en su máximo fervor,
Y usando tinta que emana del corazón.

Una entrega total de dos almas,
Teniendo como testigo a Dios.
Puedo escuchar que en verdad me amas,
Con una palabra proveniente de tu voz.

No hay cláusulas en el contrato para amar,
Pues cuando los sentimientos son puros.
No habrá a quien demandar,
Y la resolución será felicidad para los dos.

No hay jurisdicción,
Que pueda encargarse de los asuntos del corazón.
Sólo Dios es conocedor,
De nuestro gran amor.

Nuestra historia de amor

En mil novecientos noventa y nueve,
En la Escuela Nacional Preparatoria.
Con una mirada, tú, mi corazón robaste,
Ahí, tú fuiste mi amiga y compañera.

El destino me había unido a ti aquel día,
Y el amor que por ti yo sentía,
Con el tiempo se intensificaría,
Pues tú eras la razón de mi vida.

Un viaje al extranjero
Cambiaría todo por completo.
Ahora hablaría un nuevo idioma,
E iría a una diferente escuela.

Pero siempre recordándote,
Pues de mi mente nunca pude apartarte.
Y en mis sueños cada noche te veo,
Pues te has adueñado de mi pensamiento.

Mi amor por ti va más allá de una frontera,
No importa cuanto tiempo esté alejado de ti.
No importa que la distancia te aparte de mí,
Tú eres quien gobierna mi vida entera.

Cinco años ya han pasado,
Pero yo no te he olvidado.
Al contrario, quiero estar a tu lado,
Y amarte como nadie te ha amado.

Te amo Natali

T ú eres un enigma en mi vida,
E intento poder tener tu alma junto a la mía.

A veces los sueños son más que fantasías,
M ás de lo que uno imagina.
O rientado por mi deseo de hacer mi sueño realidad.

N o me dejaré abatir por esta soledad,
A unque me cueste toda una vida,
T enerte a ti, como algo más que mi amiga.
A mor es lo que yo siento por ti cada día.
L amentablemente, tú no lo has notado todavía.
I ntentaré demostrártelo para que seas mía.

Natali

N o hay palabras que puedan expresar lo que yo siento,
A quellas definiciones son obsoletas a mi entendimiento.
T al vez sea imposible el explicar aquel sentimiento.
A nte tal disyuntiva busco una nueva alternativa.
L eyendo en el diccionario de mi alma,
I ntento descifrar cuanto mi corazón te ama.

Ahogado en la nostalgia

Una lluvia de tristeza, mi corazón inunda,
Y mi alma ahogada en soledad.
Es como una herida muy profunda,
No hay calma, tan sólo tempestad.

Añoro encontrarte una vez más,
Y murmurarte al oído que no te dejaré de amar.
Pues tú dejas huella por donde vas,
Y como un fantasma, te apareces en cualquier lugar.

Tú, que a pesar de la distancia te aproximas.
Tú, que en la oscuridad eres mi guía.
Tú, que aunque esté sólo, me haces compañía.
Tú, que aunque no sea poeta, me inspiras.

Sólo tú puedes secar el mar del llanto,
Pues mi espíritu de llorar no ha dejado.
Es un martirio que ya no aguanto,
Y la tormenta de lágrimas no ha cesado.

Mi alma ahogada en la nostalgia
Ha perdido toda esperanza.
Pero tu mirada es mi alegría,
Y tu sonrisa, la razón de mi vida.

A pesar

A pesar de la distancia,
Mi corazón te ama.
Te has convertido en dueña,
De toda mi alma.

Y en mis sueños apareces,
Como un espejismo en mi mente,
Con el Sol te desvaneces,
Y por tu ausencia muero lentamente.

A pesar de la distancia,
Muero por volver a verte.
Te has convertido en dueña,
De mi corazón latente.

Y es que tú eres mi felicidad,
Y mi compañía en soledad.
Eres la luz de mi oscuridad,
Y la calma de mi tempestad.

Pues a pesar de la distancia,
No puedo apagar la llama.
Tú te has convertido en dueña,
Del fuego que arde en mi alma.

Artistas de nuestro destino

Somos artistas de nuestro destino, y el modo en cómo vivimos la vida, es nuestra obra maestra.

Usando colores claros, demostraremos la alegría que yace en el alma. Mientras que, usando colores obscuros, revelaremos la amargura que se oculta dentro del corazón.

Cada quien traza las líneas de su destino, diseñando su propia vida, y habrá que ser muy cautelosos, pues cada línea trazada, cada color plasmado, no podrá ser borrado ni alterado.

Nada más tenemos una oportunidad para pintar nuestra obra maestra y no podremos rehacerla.

Cuidemos cada detalle, para que cuando la obra haya sido terminada, podamos apreciar la belleza de nuestra creación; nuestra vida misma.

DECISIONES

Introducción

Esta obra está inspirada en todas aquellas personas, que por algún motivo, quieren saber qué decisión deben tomar cuando se enfrentan a situaciones difíciles, en las cuales, una decisión es lo más importante.

Asimismo, es un intento para motivar a las personas a tomar la mejor decisión en su vida; hay que recordar que sólo tenemos una vida y es muy corta.

Por lo tanto, hay que tomar siempre la mejor decisión, para nunca arrepentirnos de lo que hacemos o dejamos de hacer.

Una decisión equivocada puede llevarnos a la ruina, a la perdición o aún peor, a la muerte, por eso he decidido escribir este libro, para motivar a la gente a tomar correctas decisiones.

No importa cuán difícil sean las circunstancias en las que uno se encuentre, siempre hay que levantarse y seguir adelante.

Capítulo I
La vida

Para poder saber qué decisiones debemos tomar en la vida, primero tenemos que entender qué es la vida.

La vida no sólo es el proceso de nacer, crecer, y desarrollarse para después morir.

La vida es una oportunidad para hacer algo, para dejar huella. Esta oportunidad es un reto para cada uno de nosotros; algunos saben cómo enfrentarse a ella mientras que otros tan sólo reniegan por tenerla.

Muchos creen que la vida es injusta o que suele ser muy cruel a veces. Pero la vida no es quien decide el destino de cada uno de nosotros, ni mucho menos el rumbo de nuestro camino; la vida nos da la oportunidad de demostrar quienes somos y que tanto podemos lograr.

Por consiguiente, nosotros somos los que decidimos si queremos fracasar o si por el contrario, queremos triunfar.

Lamentablemente, algunos no tienen la oportunidad de vivir y los demás: no la aprecian, no la reconocen o ni siquiera creen que exista.

Por otro lado, los sufrimientos en ocasiones proceden de nuestros propios errores, pero aún que no sea así, deben servir para que aprendamos a disfrutar al máximo, los momentos de felicidad.

En verdad creo, que si uno aprende a vivir, podría no sólo dejar de sufrir, sino que también, dejar de echarle la culpa a la vida, de todos los infortunios que le ocurren.

¿Cuántas personas pierden la vida a muy temprana edad? ¿Cuántas personas ni siquiera tuvieron la oportunidad de ver la luz del Sol? Porque no llegaron a nacer. ¿Cuántas personas se quitan la vida creyendo que no vale la pena vivirla? ¿Cuántas personas se pierden en el alcohol y las drogas? Porque era más fácil huir que enfrentar la vida. ¿Por qué si tenemos vida, no la usamos de forma productiva?

Tenemos esa oportunidad de vivir, esa oportunidad que no es eterna, pues tan sólo es pasajera.

Por ese motivo, tenemos que aprovecharla; es un regalo de Dios, el cual, no deberíamos de rechazar o desperdiciar.

No debemos olvidar, que si estamos vivos es por alguna razón, una razón que tal vez, vaya más allá de nuestro entendimiento. Pero nuestro deber es buscar el objetivo por el cual estamos aquí.

Nadie puede tomar la decisión de venir al mundo, pero cada uno de nosotros puede tomar la decisión de cómo vivir su vida.

La vida pasa muy rápido, y no se detiene ante nada ni ante nadie, pues siempre se está viviendo en un constante cambio de nuestro presente a nuestro futuro inmediato.

Por esa razón, debemos pensar bien cómo queremos vivir nuestras vidas. ¿Qué queremos lograr? Y ¿Hasta dónde queremos llegar? Son preguntas que debemos contestar, enfrentando la vida cara a cara, decidiendo qué queremos hacer y qué no.

Capítulo II
Decisiones

En la vida cada decisión que tomamos tiene diferentes consecuencias, y cada una de ellas se ve reflejada en tres diferentes resultados, los cuales, pueden ser positivos, negativos o neutros.

Los positivos son aquellos resultados que por ende nos benefician mientras que los negativos por el contrario nos perjudican. En cuanto a los resultados neutros no tienen ningún efecto sobre nosotros, ni nos benefician ni nos perjudican aparentemente, pues realmente nos perjudican, primero, porque lo más probable es que les demos menos importancia, y segundo, porque no aprendemos nada de ellos.

Por ejemplo: Si el individuo (a) quiere andar con el individuo (b).
Entonces, en ese momento el individuo (a) tiene dos opciones, de las cuales, hay tres posibles resultados (positivo, negativo o neutro).

Las opciones son muy sencillas, y son las siguientes:

La primera opción sería que el individuo (a) le preguntase al individuo (b) si quiere salir con él o ella. Mientras que la segunda opción sería no decir nada.

Ante estas dos opciones, si el individuo (a) decide preguntar, entonces, se enfrentará a dos posibles respuestas, las cuales serían sí o no. Estas respuestas vienen a ser nuestros resultados positivo y negativo.

Sin embargo, si el individuo (a) decide no preguntarle nada al individuo (b), entonces, el resultado de dicha decisión será neutro, pues no tendrá una respuesta positiva ni tampoco tendrá una respuesta negativa. No habrá nada que perder, nada que ganar ni nada que aprender.

Ahora bien, para poder tomar la mejor decisión en la vida, lo primero que tenemos qué hacer, es analizar las circunstancias en las que nos encontramos.

Posteriormente, tras haber terminado de analizar la situación, debemos considerar diferentes alternativas para poder tomar una mejor decisión.

También, habrá que considerar si la decisión que tomemos perjudicará, beneficiará o no tendrá ningún efecto sobre terceras personas.

Finalmente, después de haber estudiado las alternativas, procedemos a tomar la decisión más adecuada.

Además, hay que considerar que las decisiones se clasifican en diferentes grupos, de los cuales, se encuentran las decisiones personales, decisiones en pareja, decisiones familiares y decisiones laborales.

El primer grupo son decisiones que por ende son hechas por un sólo individuo mientras que el segundo grupo, son decisiones hechas por dos individuos, y finalmente el tercer grupo, son decisiones hechas por tres o más individuos.

En cuanto al cuarto grupo, son decisiones individuales al igual que las decisiones personales.

Asimismo, habrá que recordar que cualquier cosa que hagamos o dejemos de hacer es el resultado de una decisión, pues si hacemos algo, es porque decidimos hacerlo, y si por el contrario, no lo hacemos, entonces, decidimos no hacer nada, todo está en la decisión que tomemos.

En la vida nos enfrentamos a diferentes tipos de decisiones, unas, más difíciles que otras, pero al final, siguen siendo decisiones y habrá que decidir lo que debemos de hacer. Sin olvidar, que las decisiones apresuradas suelen ser las menos favorables. Por eso, habrá que pensar bien las cosas antes de hacerlas.

Al tomar decisiones, tenemos que ser objetivos, pero sin hacer siempre a un lado a nuestra intuición. Pues a veces, nuestra intuición puede ser la mejor decisión. No está de más escuchar al corazón de vez en cuando.

Una decisión apresurada puede llevarnos a cometer errores.

No obstante, los errores no son el problema, pues la decisión ya fue tomada y no puede ser alterada; el problema está en no aprender de ellos.

Si uno pudiese aprender de los errores de los demás, no necesitaría experimentar esas malas experiencias.

Desafortunadamente, a veces se requiere de esas malas experiencias para poder madurar y crecer como persona.

Por ejemplo: Si vamos por la calle y a lo lejos podemos observar como un individuo se cae en un agujero que se encuentra en medio de la banqueta.

Entonces, cuando nosotros pasemos por esa banqueta tendremos tres opciones:

La primera opción sería, basado en la experiencia de la persona que hemos visto caer, pasar de lado para no caer.

La segunda opción sería, no poner atención a dicha experiencia y creer que a nosotros no nos va a pasar porque nos creemos más listos, observadores o qué sé yo, por consiguiente, hay probabilidad de que caigamos en el agujero.

La tercera opción sería, tapar el agujero para que nadie más caiga.

Ahora, pasemos la anterior situación en algo más real. Si nosotros vemos como un individuo al consumir drogas va volviéndose adicto a ellas y en ocasiones pierde la vida, eso sin considerar el daño cerebral ocasionado por las mismas.

Entonces, cuando alguien nos ofrezca drogas, tendremos tres opciones:

La primera opción sería, simplemente rechazar la oferta.

La segunda opción sería, creer que nosotros no nos haremos adictos a ellas y que podremos controlarlas y proceder a aceptar la oferta; con el tiempo nos daremos cuenta que no podemos controlar el consumo de drogas y seremos adictos a ellas porque nuestro organismo nos las demandará.

La tercera opción sería, hacer una campaña antidrogas para evitar que otros individuos caigan en ese vicio.

Del mismo modo, en alguna ocasión habremos visto caer en las garras del vicio a algún ser querido, a alguien conocido o cercano a nosotros, y es ahí, en donde tenemos la oportunidad de aprender de los errores de otros. Y es aquí, en donde meditar y estar conscientes que esto nos puede ocurrir, y así, tomar las medidas necesarias para evitarlo, y no pasar de largo pensando:

—A mí eso, no me va a pasar.

Cada individuo decide el rumbo de su sendero y siempre, meditando en las consecuencias, tiene la oportunidad de decidir qué hacer.

Recordemos que es de humanos cometer errores, y no hay que sentirnos mal si llegásemos a cometerlos.

Lo que sí debemos de hacer, es aprender de ellos. Sin olvidar que debemos asumir la responsabilidad de nuestros actos.

Nunca echarle la culpa a lo demás de nuestros errores; cada uno de nosotros es libre de decidir qué quiere o no quiere hacer.

Así como es de humanos cometer errores, es de cobardes no asumir la responsabilidad de sus equivocaciones.

Capítulo III
Decisiones Personales

Las decisiones personales, sólo dependen de cada uno de nosotros. No debemos dejar que nadie intervenga en nuestras decisiones. Podemos aceptar consejos u opiniones. Pero nunca permitir que alguien más nos diga qué hacer.

Desgraciadamente, en ocasiones, la gente hace lo que la mayoría hace para formar parte de cierto grupo social, o simplemente porque carecen de iniciativa propia.

Muchas de las personas que conozco, cuando les pregunto: ¿Por qué fumas o por qué tomas?

—Porque mis amigos y padres lo hacen —contestan.

Es decir, varias personas no hacen las cosas por convicción propia, sino simplemente porque los demás lo hacen.

Eso pasa con la piratería en México, se ha vuelto un delito muy común y la excusa más frecuente es decir:

—Pues si los demás lo hacen, ¿por qué no lo voy hacer yo?

Sin embargo, el hecho de que la piratería se haya vuelto común, no deja de ser una violación a ley en materia de derechos de autor.

Cualquier cosa que hagamos, tiene consecuencias, ya sean positivas o negativas.

Si decidimos vender productos piratas, o en su defecto, compramos productos piratas, en cualquiera de los dos casos, estamos infringiendo la ley.

Esas son decisiones personales, en la que no debemos de involucrar a terceras personas, diciendo que porque aquellos individuos lo hacen, uno tiene derecho a hacerlo. Eso es una falacia.

Con las mentiras, pasa exactamente lo mismo, algunos mienten según porque lo hacen de buena fe, otros simplemente porque si todo el mundo miente pues ellos con mayor razón.

Es decir, siempre hay una excusa para respaldar nuestras faltas, errores o culpas; no somos capaces de afrontar nuestras propias decisiones. No asumimos la responsabilidad de nuestros actos, pues preferimos usar factores externos como influyentes en la toma de nuestras decisiones.

Por ejemplo: En ocasiones, cuando uno va con el médico porque se siente uno muy mal, en vez del doctor decirnos que nos quedan tres meses de vida o a lo mucho cinco, y así, nosotros poder decidir qué hacer en ese pequeño lapso de vida que nos queda.

En algunos casos, nos dejan postrados en una cama diciéndonos que todo estará bien y que no nos preocupemos. Es conveniente para ellos que nuestra estancia se alargue porque así, los hospitales incrementarán sus ingresos ¿Nunca nos darán de alta?

Además, algunos hacen que nuestros últimos días sean un infierno porque por más que nos digan que estaremos bien, nosotros sabemos en el fondo que nos queda muy poco tiempo de vida.

¿Qué clase de persona es aquella que nos oculta algo tan importante que sólo nos concierna a nosotros? A nadie le concierna nuestra vida más que a nosotros mismos. ¿Dónde queda la ética? ¿Dónde quedaron los principios?

El deber de un doctor es hacer todo lo que esté en sus manos para salvar vidas, pero si después de intentarlo todo, no hay posibilidades de salvar a un individuo.

Entonces, ¿por qué ocultárselo? ¿Por qué no decirle que en poco tiempo fallecerá?

Las mentiras siempre serán mentiras por muy pequeñas que éstas sean. No importa la razón por la que se miente, eso nunca hará correcto el hecho de engañar a otras personas.

No hay que engañarnos a nosotros mismo diciendo que mentimos porque era lo mejor en ese momento. Una mentira nunca será buena.

Otro ejemplo muy común: Cuando una chica queda embaraza y quiere abortar, eso también, es una decisión personal.

No obstante, algo que habría que considerar es que hay una vida de por medio. Y el abortar, sería homicidio en primer grado. Las características de un asesinato son la premeditación, la alevosía, y la ventaja, y el abortar reviste dichas características.

Primero antes que nada, si la chica fue lo suficientemente madura para tener relaciones sexuales. Entonces, tiene que ser lo suficientemente madura para asumir la responsabilidad de dicho embarazo.

Para muchas personas, el aborto no es considerado homicidio a las primeras semanas en las que el gameto femenino fue fecundado o a veces, hasta los primeros meses de la fertilización del óvulo, no lo consideran homicidio.

Pese a lo que la gente crea, tenemos que saber cuando inicia la vida. La vida comienza cuando el gameto masculino se une con el gameto femenino para formar una sola célula.

Un óvulo por si sólo nunca se desarrollará en un embrión o feto y un espermatozoide tampoco lo hará.

Después que la célula espermática se fusiona con el óvulo, comienza la división celular hasta formar una mórula que consiste de treinta y dos células, esto sucede en las primeras treinta horas después de que el gameto femenino fue fertilizado.

Posteriormente, sigue el desarrollo del embrión, el cual, a los veintiocho días su órgano más grande viene a ser el corazón, a la tercera semana, ya se puede observar el cerebro, los oídos, y la columna vertebral.

Entre la sexta y séptima semana, se pueden apreciar las extremidades y se pueden identificar los labios y la nariz. Entre la octava y novena semana, el embrión es casi un ser humano en miniatura, prácticamente los órganos internos están acabados, su cuerpo está prácticamente formado y se pueden apreciar los dedos y la cara también.

Subsiguientemente, se desarrolla el feto que empieza aproximadamente en la duodécima semana hasta el parto; la madre estará lista para dar a luz alrededor de la cuarentava semana del embarazo.

Si se aborta el producto a las pocas semanas en las que el óvulo fue fecundado. Entonces, por consecuencia el embrión no se desarrollara en feto y nunca nacerá.

Así mismo, si le quitáramos la vida a un niño de tres años nunca llegaría a la vejez.

La vida empieza con la fusión de los gametos femenino y masculino, y cada uno de nosotros, tuvimos que haber sido un zigoto, un embrión, un feto, un bebé hasta lo que somos ahora.

Nuestra vida empezó en el vientre de nuestra madre, y nadie puede ser viejo sin antes ser adolescente, así como nadie puede nacer sin antes haber sido un zigoto.

Como he dicho anteriormente, siempre usamos excusas para no asumir nuestras responsabilidades.

Algunas mujeres dirán que prefieren abortar para no traer a un niño que sufrirá en este mundo que cada día está peor. Otras dirán, que no lo podrán mantener, y unas dirán, que fueron violadas y que por esa razón quieren abortar.

Cualquier excusa es hecha por nuestra propia conveniencia. Porque somos tan cobardes, que no somos capaces de responder a nuestros hechos, errores o a veces simplemente, no queremos hacernos responsables, puesto que es más conveniente siempre usar la salida fácil a nuestros problemas.

Pero nosotros no estaríamos aquí, si nuestra madre hubiera abortado. Los embriones son pequeños individuos que son capaces de sentir, así como también son frágiles y lo que menos necesitan es que les quiten la vida, y los traten como si fuese lo peor que alguien le pudiera ocurrir.

No debemos olvidar, que nosotros también fuimos embriones.

Otro ejemplo sería: ¿Qué hacer cuando un ser querido fallece? ¿Decidimos hundirnos en el llanto o seguir?

No es malo llorar y sacar esa pena del corazón, pues el alma se ha desgarrado y ha generado un gran dolor. Pero no hay que hundirse en esas lágrimas; la vida para nosotros sigue, y no se va detener ante nada.

Por lo tanto, hay que seguir adelante. No digo que sea fácil, especialmente, si consideramos que hay personas que son más sensibles que otras, pero entre más pronto dominemos esa pena, será más fácil seguir.

Y mientras sigamos vivos, no importa cuantas veces nos toque caer, hay que levantarnos y continuar. Tal vez tomar un pequeño descanso, pero nunca quedarnos estancados.

¿Será que somos tan cobardes que no somos capaces de afrontar la realidad, de hacerle frente a la vida? ¿Por qué ese miedo a la muerte?

Sabemos que no viviremos por siempre, entonces, hay que disfrutar cada segundo de vida que tenemos porque no sabemos cuando nos toque enfrentarnos con la muerte.

Último ejemplo: El suicidio es otra decisión personal, que se da cuando una persona se siente muy sola y cree que su vida no vale nada. Tiene la falsa creencia que, si deja este mundo, nadie sufrirá y nadie lo recordará por su baja autoestima.

Pero aunque así fuese, eso no es motivo suficiente para quitarse la vida. Uno no vine al mundo para vivir por los demás, sino al contrario, para vivir por uno mismo.

Si caemos y no sabemos levantarnos, podemos pedir ayuda, nadie está solo. Siempre habrá alguien que nos de la mano, pero ese alguien, no nos va ir a buscar, porque aquel individuo desconoce que necesitamos ayuda. Nosotros somos los que tenemos que ir en busca de esa ayuda.

Si los problemas son demasiado grandes y al parecer no tienen solución, algunos individuos reconocen quizás, que todos tenemos problemas, pero piensan erróneamente, que los suyos son únicos, insolubles, y que nadie más los tiene y en lugar de buscar una solución, se ponen a llorar, diciendo nadie me comprende, nadie me quiere, mi vida es inútil, no sirvo para nada, etc. Otros toman la salida fácil y optan por el suicidio.

En la vida, hay que solucionar nuestros problemas, siempre empezando con los de mayor importancia y en seguida con los de menor importancia. La vida no es color de rosa y no es fácil.

Pero si no existieran esos problemas, esos momentos de soledad, esos momentos de angustia. No podríamos apreciar aquellos momentos, que aunque sólo duren un segundo, nos llenan de felicidad.

Por otro lado, los problemas también nos ayudan a madurar y a crecer como personas.

Por ningún motivo debemos hacer los problemas a un lado. ¡Debemos solucionarlos!

Estos son algunos ejemplos de decisiones personales. Siempre que nos enfrentemos a este tipo de situaciones, no tomemos la decisión que todo el mundo tomaría, o usemos excusas para tomar la salida fácil.

Cuando tomemos la decisión acerca de hacer algo, tiene que ser por convicción, ya que en algunas ocasiones, hacemos cosas por tradición o porque somos influenciados.

Algunas personas cuando asisten a su culto de acuerdo a su credo, lo hacen por tradición y no por convicción, no hay fe en aquellos individuos, es simplemente parte de su rutina. Debemos estar realmente convencidos de que es lo que queremos hacer sino es mejor no hacerlo.

Si decidimos fumar, tenemos que estar consientes, que los principales componentes del cigarro son la nicotina, la cual, es un veneno natural que produce adicción, por otro lado, está el monóxido de carbono, el cual, sacará el oxígeno de los glóbulos rojos, cuando esté presente en la sangre, además de ser un veneno al igual que la nicotina, y por último, el alquitrán, causante de diversos tipos de cáncer.

Como podemos apreciar, el fumar es matar a nuestro organismo lentamente.

El hecho de que uno mate a su organismo a largo plazo, no quiere decir que no lo está matando. Al fumar, se está envenenando al organismo paulatinamente, pues cada vez que un individuo fuma, está suministrando una pequeña dosis de veneno a su organismo.

Al mismo tiempo, el fumar puede causar problemas respiratorios, y cardiovasculares entre otros.

En algunas ocasiones, somos influenciados a hacer cosas ya sea para poder formar parte de un grupo social o simplemente para demostrar que si podemos hacerlo, y somos presionados por terceras personas; el resultado de esas influencias, es que estamos haciendo cosas porque alguien más lo hace o porque nos piden que lo hagamos, pero no porque realmente queramos.

Entonces, si vamos a hacer algo, tiene que ser por convicción, porque eso es lo que nosotros queremos hacer, no porque los demás quieran que lo hagamos.

No vale la pena hacer cosas para ser como los demás o para seguir sus creencias. Pues en ese momento, dejamos de ser nosotros mismos, para convertirnos en copias de otros individuos.

Hay personas que tienen prohibido trabajar en domingo, pero si todos siguieran esas creencias y nadie trabajará en domingo, sería un caos. ¿Cierto?

Puesto que si un domingo, un individuo irrumpe en propiedad privada, hiriendo al habitante y tal vez ocasionando un incendio.

Entonces, no podremos llamar a la policía porque no trabajan en domingo, tampoco podremos llamar a una ambulancia porque tampoco trabajan ese día y por último, tampoco podríamos llamar a los bomberos porque ese día no se trabaja.

Como individuos, tenemos la oportunidad de ser libres. Eso no ocurre con las demás especies. Hay otras especies que no gozan de dicha libertad. Muchos individuos tienen mascotas en sus casas, ya sean perros, tortugas, conejos, gatos, aves, roedores, etc.

Aquellas especies ya no son libres, eso sin contar los zoológicos, y los que promueven la cacería como deporte y no como medio de sobre vivencia.

Entonces, nosotros que tenemos esa libertad porque encerrarnos en un pequeño grupo social, cuando podemos ser libres e ir a donde queramos ir, no estamos obligados a quedarnos donde no queramos estar ni estamos obligados a hacer lo que no queramos hacer ni mucho menos somos obligados a seguir las creencias de los demás que son muy distintas a las nuestras.

No creemos de nuestra vida una farsa haciendo lo que los demás hacen o quieren que hagamos.

Hay que tomar en cuenta lo que hacemos, y si nos equivocamos al tomar aquella decisión, hay que asumir la responsabilidad de nuestros actos.

Habrá veces que nos arrepintamos de lo que hacemos y no habrá forma de enmendar nuestros errores, pero si podemos aprender de ellos, no volveremos a cometer los mismos errores una vez más.

Pensemos bien lo que hacemos y hagámoslo si y sólo si estamos verdaderamente convencidos de que eso es lo que realmente queremos hacer.

Capítulo IV
Decisiones en Pareja

Las decisiones en pareja se deben tomar con el consentimiento de dos individuos. Cuando dos individuos deciden compartir sus vidas, entonces, cada individuo deberá comprometerse con su pareja, y deberá tomar en cuenta la opinión de su pareja cada vez que decida hacer algo.

La decisión de compartir nuestra vida con alguien más es una decisión muy importante. Es un asunto muy delicado, en el cual, debemos estar realmente convencidos si queremos compartir el resto de nuestras vidas con aquella persona.

Algunas veces, las relaciones en pareja terminan en fracaso porque hay individuos que ocultan ciertas cosas, por temor a que si su pareja se enterase no sea capaz de entenderlo.

La confianza es muy frágil y cuando ésta se rompe, es casi imposible restablecerla.

Si uno no confía en su pareja, entonces, porque uno toma la decisión de unir su vida con aquella persona.

Asimismo, hay veces que los individuos intentan cambiar a su pareja.

—¿Con qué motivo? —me pregunto yo.

Cuando uno decide estar al lado de cierta persona, uno sabe de antemano como es aquella persona y habrá cosas que nos agraden y desagraden, pero aún así, decidimos compartir nuestra vida con aquella persona.

Entonces, porque queremos cambiarla, debemos aceptar a nuestra pareja tal como es. Si nuestra pareja es una persona que se irrita con mucha facilidad, y lo sabemos, entonces, porque la provocamos. Si queremos que nuestra pareja reduzca su grado de irritabilidad, debemos ser nosotros quienes debemos ser más dóciles al decir o hacer algo.

Hay que recordar que cuando se tiene una pareja, ya no se trata de hacer lo que uno quiere, sino por el contrario, hacer lo que ambos quieren.

En algunas ocasiones, la gente no aprecia lo que tiene hasta que lo pierde. Habrá veces que algunos individuos serán infieles y harán lo que quieran. Después, se arrepentirán de lo que hicieron y buscarán el perdón de su pareja, para algunos será muy tarde el arrepentirse, pues tal vez, pierdan a su pareja para siempre.

Es cierto que hay que aprender a perdonar, pero el perdonar, no significa que se olvidará lo sucedido. Aquella infidelidad podrá ser perdonada más no quiere decir que la persona engañada olvidará lo acontecido y hará como si no hubiese ocurrido nada.

No hay que dejarnos llevar por nuestros impulsos, hay que pensar las cosas antes de decirlas o hacerlas.

Como he dicho anteriormente, siempre habrá excusas para respaldar lo que hacemos.

—Mi pareja no me comprende —unos dirán.

—Mi pareja nunca está de acuerdo conmigo —otros dirán.

—Mi pareja hace lo que quiere —los demás dirán.

Podría seguir con una inmensa lista de excusas, pero lo importante no son las excusas, lo que realmente importa, es que en vez de usar excusas para respaldar nuestros actos. ¿Por qué no solucionamos aquellas diferencias?

Ambos individuos tienen que poner de su parte para solucionar cualquier problema que se presente, ya no se trata de tomar decisiones personales, sino de decidir en pareja.

Del mismo modo, en algunas ocasiones las parejas tienen problemas por causa de terceras personas, ya sean familiares, amigos o conocidos que les gusta meter su cuchara.

Una relación de pareja, sólo consta de dos personas, y no debemos permitir que terceras personas, se entrometan en esos asuntos que sólo y únicamente nos interesan a nosotros y a nuestra pareja.

Como pareja tenemos que aprender a confiar y apoyarse el uno al otro. Pero sobretodo, tendrá que haber una entrega total e incondicional de ambas partes.

Para que cuando se presente alguna dificultad, sean capaces de enfrentarla juntos, sin dejar que otros individuos intervengan.

Sólo unidos podrán afrontar las vicisitudes de la vida.

Capítulo V
Decisiones Familiares

En las decisiones familiares, se debe considerar la opinión de cada miembro de la familia. En ocasiones, los hijos son muy pequeños y no se les pedirá su opinión. Sin embargo, debemos considerar si nuestras decisiones les afectarán o no.

Algunas veces, hacemos cosas que creemos es lo mejor para nuestros hijos.

—¿En verdad buscamos lo mejor para ellos? —me pregunto.

Tal vez estemos buscando lo mejor para nosotros mismos. Pero sea lo que sea que busquemos, siempre habrá que pensar qué tanto nuestra decisión afectará a cada miembro de la familia, y buscar la mejor alternativa para beneficiar a todos o sino a todos, a la mayoría.

No es fácil tomar una decisión cuando hay otros individuos de por medio. Por eso, algunas veces, ni siquiera pensamos en ellos y sólo hacemos lo que creemos es mejor para todos. Pero no sólo hay que creer qué será lo mejor para todos, hay que estar seguros de ello.

Solamente si tomamos en cuenta a todos los miembros de la familia, podremos tener mejores resultados.

Si por el contrario, no pensamos en los demás miembros de la familia, se presentarán problemas a futuro, habrá discusiones y reproches, a veces hasta un distanciamiento. Porque al no pensar en los otros miembros de la familia, estamos siendo egoístas, pues sólo buscamos nuestro propio bien.

Tomemos en cuenta, que como familia no se trata de hacer lo que uno quiere, sino de beneficiar a cada uno de los miembros de la familia.

Hay que recordar que nosotros decidimos formar una familia y tenemos que hacernos responsables de dicha decisión. Y la única forma de hacernos responsables, es haciéndonos cargo de nuestra familia.

Ya no se trata de buscar lo mejor para nosotros, sino para todos los miembros de la familia. La unión de la familia es lo que importa ahora.

Como familia se tienen que apoyar unos a otros, y no se trata de complacer caprichos, sino de apoyarse cuando realmente se requiera.

No se trata de abusar de la confianza de nuestros seres queridos, sino de solicitar su ayuda cuando uno se encuentre en apuros.

Y no siempre estará la familia para apoyarnos, por eso, debemos apreciarla lo más que se pueda mientras esté unida, porque tarde o temprano, algunos miembros de la familia se irán para hacer sus vidas y a su vez, formar sus propias familias.

Antes de tomar cualquier decisión, pensemos en cada miembro de la familia y como se verá afectado por dicha decisión.

Analizando todas las alternativas para beneficiar a todos o perjudicar lo menos posible. Y así, poder elegir la mejor opción.

Capítulo VI
Decisiones Laborales

Como individuos ya sea trabajando para una empresa lucrativa o una organización sin fines de lucro en cualquier sector laboral.

Algunas veces, nos encontraremos con personas que no les gusta lo que hacen, que reniegan de sus jefes, o maldigan su sueldo.

Por eso, cuando decidamos trabajar, debemos estar seguros que queremos hacer.

Después de estar convencidos que queremos hacer. Entonces, debemos investigar el tipo de educación que requiere dicho puesto.

En el país que sea, hay diferentes formas de hacer dinero, pero sólo me concentrare en dos:

La primera, es comenzar a trabajar a muy temprana edad y ahorrar todo lo que se pueda, eso, si realmente uno no quiere o no le gusta estudiar.

La segunda, es terminar una carrera profesional, hacer una maestría, y si se puede un doctorado, aún mejor.

Empezar a trabajar a muy temprana edad suele ser bueno y tal vez uno puede llegar a ser gerente de alguna empresa por escalafón.

Sin embargo, va llegar a un límite y no podrá ascender más, además, toma varios años ascender de puesto usando dicho método.

Con una buena educación es diferente, los individuos pueden seguir ascendiendo y habrá veces que las empresas les pagarán a sus empleados para que sigan incrementando sus estudios.

Entonces, no sólo ascenderán más rápidamente, sino que también tendrán mucho más oportunidades y una mejor calidad de vida.

Para no renegar de lo que hacemos, hay que buscar que es lo que realmente nos gusta hacer. A veces, no habrá muchas oportunidades. Entonces, es mejor que aprendamos a disfrutar lo que hacemos, porque de otra forma cada día nos amargaremos más.

En cuanto a los jefes, hay que aprender a sobrellevarlos, si el ambiente es muy hostil, entonces, es mejor buscar otro trabajo.

También deberemos considerar que todos los trabajos van a tener sus pros y sus contras, por lo tanto, es mejor adaptarnos al ambiente laboral y disfrutar lo que sea que hagamos.

Nosotros decidimos donde queremos trabajar, ya que ninguna empresa nos obliga ni nos va a buscar para que trabajemos para ella.

Por ese motivo, no debemos de renegar ni de lo que hacemos en la compañía donde decidimos trabajar ni de los jefes, y mucho menos del sueldo, porque nosotros fuimos los que hicimos la solicitud de empleo y aceptamos los términos del contrato, firmándolo. Y si no nos gusta lo que hacemos o renegamos de todo, podemos renunciar; nadie nos obliga a quedarnos ahí, y aguantar los malos tratos y explotación si es que hubiese.

Recordemos que querer es poder y podemos hacer todo lo que nos propongamos, y nunca decir no se puede, porque al decir:

—No puedo.

Estaremos incrementando nuestro nivel de mediocridad y de conformidad.

Nos convertiremos en unos mediocres conformistas y nunca podremos avanzar; nos quedaremos estancados.